WENN ICH
DAS KANN,
KANNST DU
DAS AUCH!

LINDA ZERVAKIS

mit Elissavet Patrikiou

WENN ICH DAS KANN, KANNST DU DAS AUCH!

Meine persönliche Rezeptsammlung

Fotografie: Elissavet Patrikiou

GRÄFE UND UNZER

Inhaltsverzeichnis

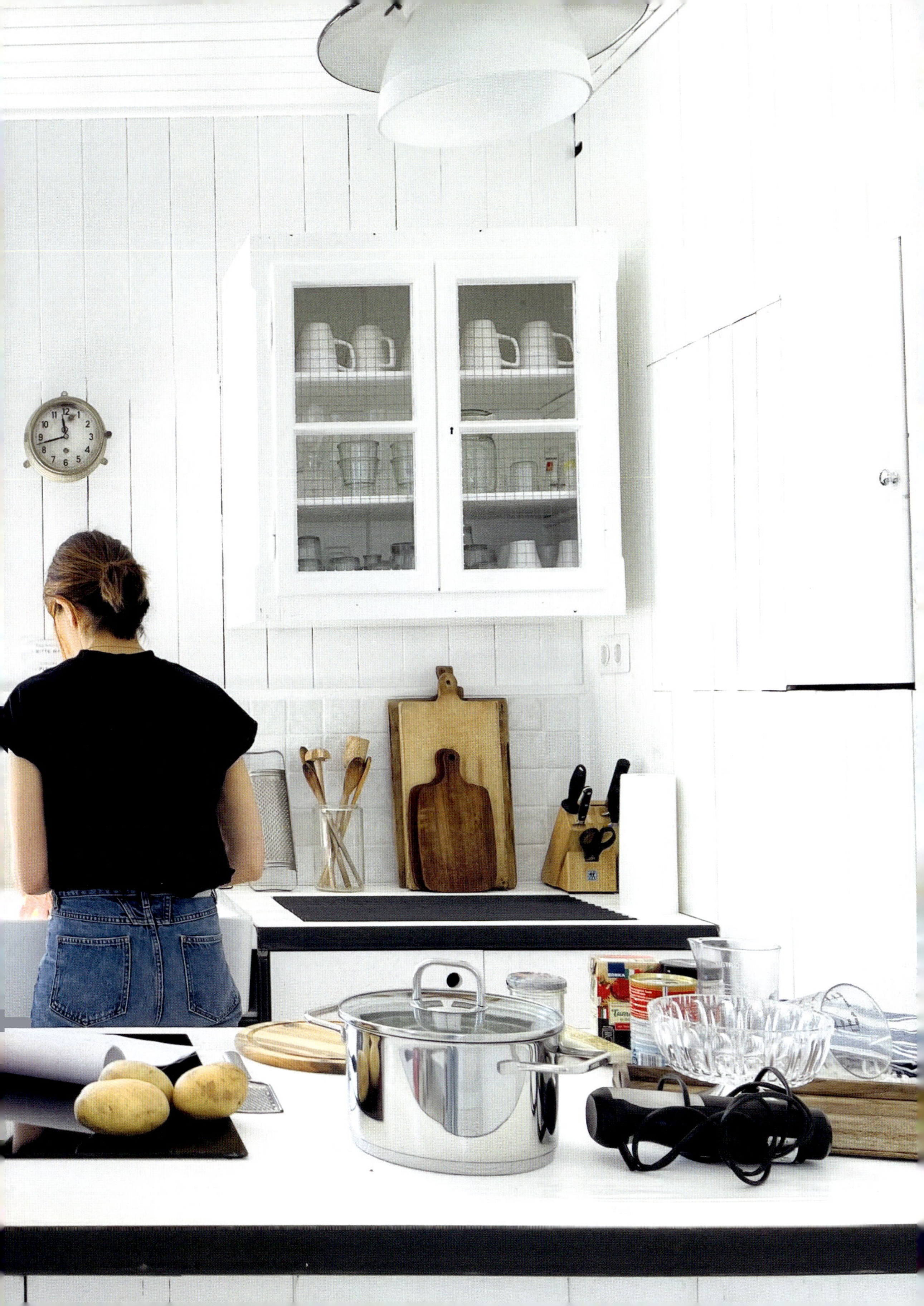

ÜBER UNS

Das hier ist ein Kochbuch. Ich muss es selbst in den Händen halten, damit ich es wirklich glauben kann.

Warum gerade ich ein Kochbuch gemacht habe?
Darauf gibt es viele Antworten. Weil ich es hasse zu kochen, wäre meine erste Wahl. Weil mich viele Menschen – wie meine Co-Autorin Eli – immer wieder genötigt haben, ihre Rezepte nachzukochen, da sie ja so unglaublich einfach sind und so gut schmecken! Und ja, weil ich keine Hobbys habe. Ich bin Griechin! Das einzige, was einem Hobby nahe kommt, ist: gutes Essen!

Das ist tatsächlich eine meiner Lieblingsbeschäftigungen – essen. Am liebsten zusammen mit anderen Menschen. Das ist eines der größten Geschenke für mich – so viele gemeinsame Momente, die ihren Platz in meinem Herzen haben. Und allein dafür ist es sehr hilfreich, selbst kochen zu können. Das ist dann doch etwas anderes, als bestelltes Essen vom Lieferdienst in Alu-Schalen anzubieten.

Also habe ich begonnen, hinter dem Herd zu stehen. Nur um meiner Familie und meinen Freunden eine Freude zu machen. Die ersten Versuche haben allerdings keine große Euphorie ausgelöst (Eli O-Ton: »Das ist der schlechteste Nachtisch, den ich je gegessen habe! Was soll das überhaupt sein?«). Aber ich bin eine Kämpferin, lasse mich nicht so schnell unterkriegen – nur wegen ein paar Niederlagen!

Der Beginn meiner Kochkarriere: Eli und ich haben zusammen Zimtschnecken gegessen – die besten übrigens, die ich je gegessen habe. Danach habe ich die Zutaten, die ich rausgeschmeckt habe, besorgt und die Schnecken nachgebacken. Und ich kann sagen: Sie waren wirklich gut! Ich habe Eli ein Bild davon geschickt. Und das war's dann, der Anfang vom Ende, die Messlatte an meine Küchenkünste schnellte ins Unermessliche!

»Ich kann nicht kochen«, das zählte nicht mehr nach diesem einen perfekten Zimtschnecken-Hefeteig (warum auch immer er so gut gelungen war!).

Also nahm ich mir eine Handvoll Rezepte vor, die ich mit der Zeit perfektionierte, bis es jedem schmeckte. Dabei bekam ich Unterstützung von Freunden, mit denen ich zusammen kochte und die ihre liebsten Rezepte mit mir geteilt haben. So entstanden noch mehr Gerichte, die ich nachkochen konnte.

Und da sind sie jetzt. Für euch. Von Herzen. Und für mich zum Nachlesen. Und denkt daran: »Wenn ich es kann, könnt ihr das auch!«

Kali orexi. Guten Appetit.

Eure Linda

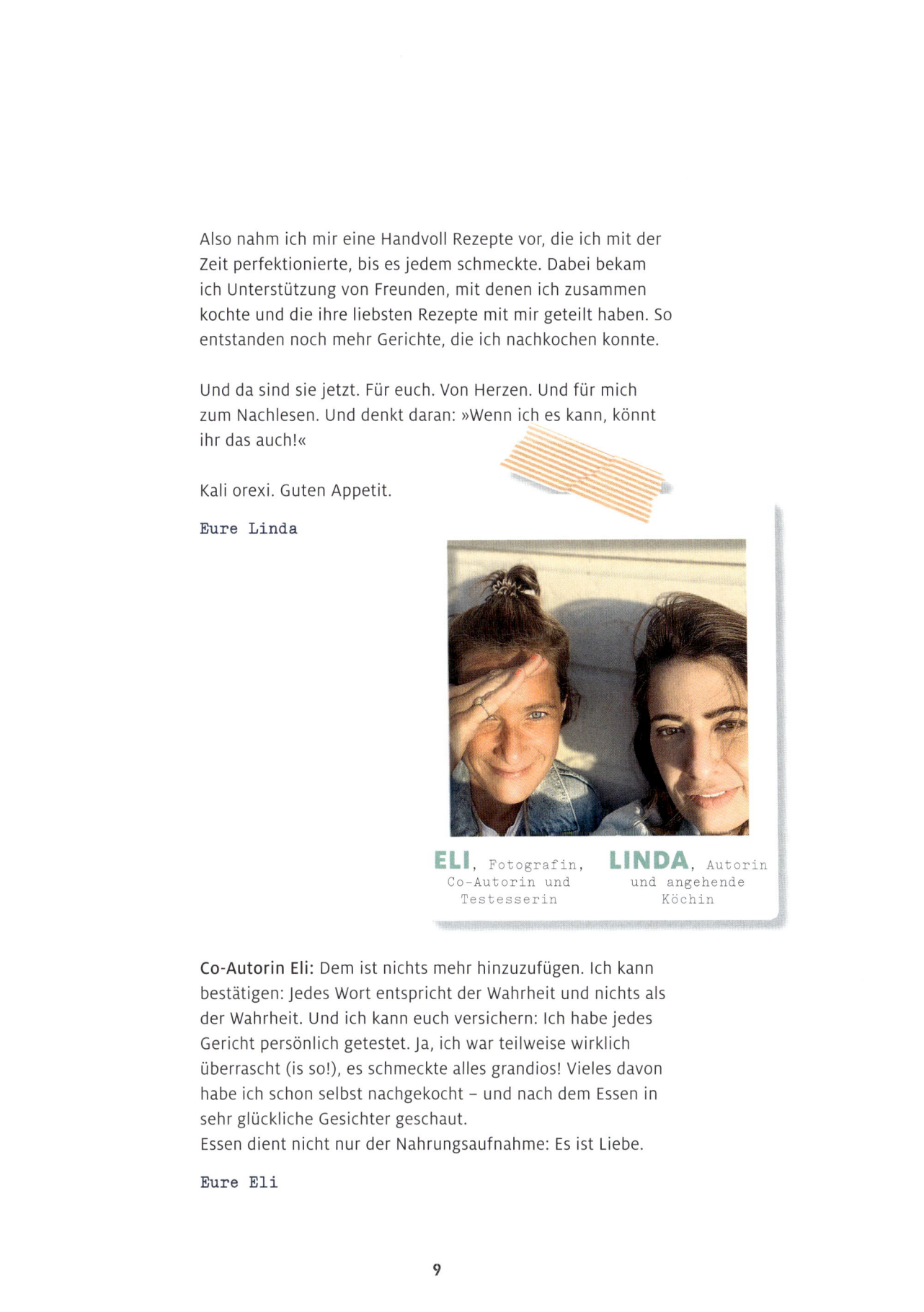

ELI, Fotografin, Co-Autorin und Testesserin

LINDA, Autorin und angehende Köchin

Co-Autorin Eli: Dem ist nichts mehr hinzuzufügen. Ich kann bestätigen: Jedes Wort entspricht der Wahrheit und nichts als der Wahrheit. Und ich kann euch versichern: Ich habe jedes Gericht persönlich getestet. Ja, ich war teilweise wirklich überrascht (is so!), es schmeckte alles grandios! Vieles davon habe ich schon selbst nachgekocht – und nach dem Essen in sehr glückliche Gesichter geschaut.
Essen dient nicht nur der Nahrungsaufnahme: Es ist Liebe.

Eure Eli

Hamburg ist meine Heimat, abor Griechenland trage ich immer im Herzen. Ich liebe die Menschen, die Mentalität – und dazu gehört ganz eindeutig das Essen! Die Küche ist so vielfältig und alleine der Duft versetzt mich in Urlaubsstimmung: irgendwie immer ein bisschen Meer und Sonne, egal wo auf der Welt und zu jeder Jahreszeit. Guten Appetit!

Καλή όρεξη!

GREEK STYLE MEETS HH

REZEPT VON	einer Freundin
ERGIBT	1 Brot (ca. 600 g)
ZUBEREITUNG	10 Min.
RUHEN	30 Min.
BACKEN	30 Min.

UNBEDINGT AUSPROBIEREN, WEIL …

Deutschland ist für seine vielfältige Brotkunst bekannt. In Griechenland gibt es eigentlich nur ein Brot – Weißbrot. Und ich gebe zu: Ich liebe es! Etwas Olivenöl und Salz dazu und ich bin glücklich! Am liebsten mag ich es direkt aus dem Ofen: Ein bisschen abkühlen lassen, Butter drauf (da wir ja in Deutschland sind …) und dann gleich in die knackige Kruste beißen. Das ist für mich einer der besten Momente überhaupt. Alleine dafür lohnt sich die Mühe, die im Grunde gar keine ist, denn schon in 10 Min. ist der Teig fertig geknetet.

Bestes
WEISSBROT

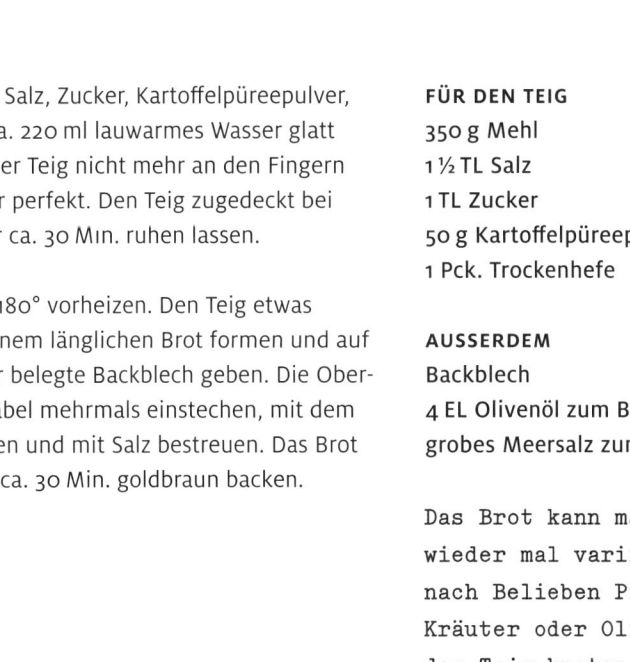

- Für den Teig Mehl, Salz, Zucker, Kartoffelpüreepulver, Trockenhefe und ca. 220 ml lauwarmes Wasser glatt verkneten. Wenn der Teig nicht mehr an den Fingern kleben bleibt, ist er perfekt. Den Teig zugedeckt bei Zimmertemperatur ca. 30 Min. ruhen lassen.

- Den Backofen auf 180° vorheizen. Den Teig etwas durchkneten, zu einem länglichen Brot formen und auf das mit Backpapier belegte Backblech geben. Die Oberfläche mit einer Gabel mehrmals einstechen, mit dem Olivenöl bestreichen und mit Salz bestreuen. Das Brot im Ofen (Mitte) in ca. 30 Min. goldbraun backen.

FÜR DEN TEIG
350 g Mehl
1 ½ TL Salz
1 TL Zucker
50 g Kartoffelpüreepulver
1 Pck. Trockenhefe

AUSSERDEM
Backblech
4 EL Olivenöl zum Bestreichen
grobes Meersalz zum Bestreuen

Das Brot kann man immer wieder mal variieren – nach Belieben Pizzagewürz, Kräuter oder Oliven unter den Teig kneten.

Neben Butter oder Olivenöl passen
auch ein Datteldip (auf der
nächsten Seite) und das Cashew-
Pesto (Seite 75) perfekt dazu.

REZEPT VON mir
ERGIBT 4 Portionen
ZUBEREITUNG 5 Min.

UNBEDINGT AUSPROBIEREN, WEIL …
Dieser süßlich-würzige Dip ist der perfekte Begleiter zu Weißbrot — selbst gemacht (s. Seite 13) oder gekauft. Er ist im Nu zubereitet.

DATTELDIP
zum Weißbrot

2 Frühlingszwiebeln
3 entsteinte Datteln
300 g Frischkäse
100 g Joghurt
4 EL Milch
Salz
Pfeffer

(Eli schäumt: Sie würde natürlich nur griechischen Joghurt verwenden.)

- Die Frühlingszwiebeln putzen, waschen und in feine Ringe schneiden. Die Datteln klein würfeln.

- Den Frischkäse mit Joghurt und Milch glatt verrühren. Die Frühlingszwiebeln und die Datteln untermischen. Den Dip mit Salz und Pfeffer abschmecken, fertig!

REZEPT VON	Mama
ERGIBT	12 Stücke
ZUBEREITUNG	1 Std.
BACKEN	30 Min.

UNBEDINGT AUSPROBIEREN, WEIL …

Pita ist ein Heiligtum in jeder griechischen Familie. Das Besondere daran:
Der Teig wird selbst hergestellt und hauchdünn ausgerollt – Ehrensache
und eine Kunst für sich. Dazu braucht man etwas Übung, aber der Genuss
einer selbstgemachten Pita ist unvergleichlich. Jede griechische Mama hat
ihr Geheimrezept, das beste ist natürlich von meiner.

Mamas PITA

FÜR DEN TEIG
300 g Mehl (Type 550)
1 TL Salz

FÜR DIE FÜLLUNG
400 g Schafskäse (Feta)
2 Eier (M)
130 ml Milch

AUSSERDEM
ca. 200 g Mehl (Type 550)
zum Ausrollen
tiefes Backblech
ca. 200 ml Olivenöl zum
Bestreichen

- Für den Teig das Mehl in eine Schüssel geben und in die Mitte eine Mulde drücken. Salz und
  150 ml lauwarmes Wasser in die Mulde geben. Alles mit den Händen zu einem glatten Teig verkneten. Der Teig darf nicht mehr an den Händen kleben, aber auch nicht zu trocken sein, sodass
  man ihn gut ausrollen kann. Bei Bedarf noch etwas Mehl oder lauwarmes Wasser hinzufügen.

- Den Teig zu einer Rolle formen und diese in sieben gleich große Stücke teilen. Die Stücke
  zu Kugeln formen. Die Arbeitsplatte mit Mehl bestäuben und die Kugeln nacheinander zu sehr
  dünnen, leicht durchscheinenden Teigblättern von mindestens Backblechgröße ausrollen
  (s. auch Tipp). Das geht am besten mit einem Oklava, also einem langen Teigroller mit kleinem
  Durchmesser. Die fertigen Teigblätter jeweils locker zusammenfalten und beiseitelegen.

- Für die Füllung den Feta in eine Schüssel bröseln und mit den Eiern und der Milch verrühren.
  4 EL Feta-Eier-Masse beiseitestellen.

- Den Backofen auf 180° vorheizen. Das Backblech mit Olivenöl einstreichen. Ein Teigblatt auf das Blech legen und mit Olivenöl bestreichen. Drei weitere Teigblätter darauflegen und jeweils mit Olivenöl bestreichen. Die Teigblätter an den Ecken etwas zusammendrücken, sodass sie sich gut an die Form anpassen.

- Die Hälfte der Füllung auf dem Teig verteilen. Ein weiteres Teigblatt darauflegen und mit Olivenöl bestreichen, überstehende Seiten nach oben einschlagen. Die restliche Füllung darauf verteilen. Die beiden letzten Teigblätter darauflegen, jeweils mit Olivenöl bestreichen und die überstehenden Seiten ebenfalls nach oben einschlagen.

- Die Pita im Ofen (Mitte) 15 Min. backen, bis sie leicht Farbe bekommt. Die Oberfläche mit einer Gabel mehrmals einstechen und mit der übrigen Feta-Eier-Masse bestreichen. Die Pita im Ofen (Mitte) in weiteren 15 Min. goldbraun backen. Meine Mutter hebt gegen Ende der Backzeit die Pita leicht an: Wenn der Boden goldgelb und leicht knusprig ist, ist die Pita perfekt.

Das Ausrollen des Teigs ist eine Kunst für sich. Ich habe
sehr großen Respekt davor. Aber Übung macht den Meister.
Und man muss keine Angst vor missglückten Teigblättern haben:
Man knetet sie einfach zusammen und rollt sie erneut aus.
Ein Tipp von meiner Mama: Die Arbeitsfläche mit ausreichend
Mehl bestäuben, damit der Teig nicht kleben bleibt. Die Teig-
blätter beim Ausrollen immer wieder wenden, damit man sie von
allen Seiten bearbeiten kann. So werden sie gleichmäßig dünn.

Η μητέρα μου
MEINE MUTTER

»Ein kleines griechisches Dorf. Vor über 80 Jahren. Alles war geordnet und die Rollen im Leben vorbestimmt. Nur in meiner Familie war alles verdreht. Mein Vater war ein groß- artiger Koch und Gastgeber. Und ich wollte Schauspielerin werden!

Die Liebe zu gutem Essen habe ich von meinem Vater. Das Kochen von meinem Mann. Wie es das Schicksal wollte: Gerade ich habe mir einen Mann aus- gesucht, der gelernter Koch war. Noch heute muss ich darüber schmunzeln. Damit schloss sich der Kreis aus meiner Kindheit: Die Männer stehen am Herd. Für eine Frau mit meinem kulturellen Hintergrund war das so nicht vorgese- hen. Aber in meinem Leben war nichts, wie es hätte sein sollen. Und das ist am Ende auch gut so!«

»Das Kochen habe ich von meinem Mann gelernt.«

»Der Traum meines Lebens? Meine Schwestern liebten den Gedanken, Hausfrau und Mutter zu werden. Ich nicht. Mein Leben nur in den eigenen vier Wänden, in der Küche zu verbringen? Nein! Ich wollte die Welt entdecken, andere Sprachen lernen, Eindrücke und Erlebnisse außerhalb der Grenzen unseres Heimatdorfs sammeln. Ich liebte es, mir Geschichten auszudenken und in verschiedene Rollen zu schlüpfen – angeregt von dem, was ich in den Büchern meines Vaters las. Unsere Regale waren voll davon! Ich wusste immer: Es gibt noch so viel mehr da draußen.«

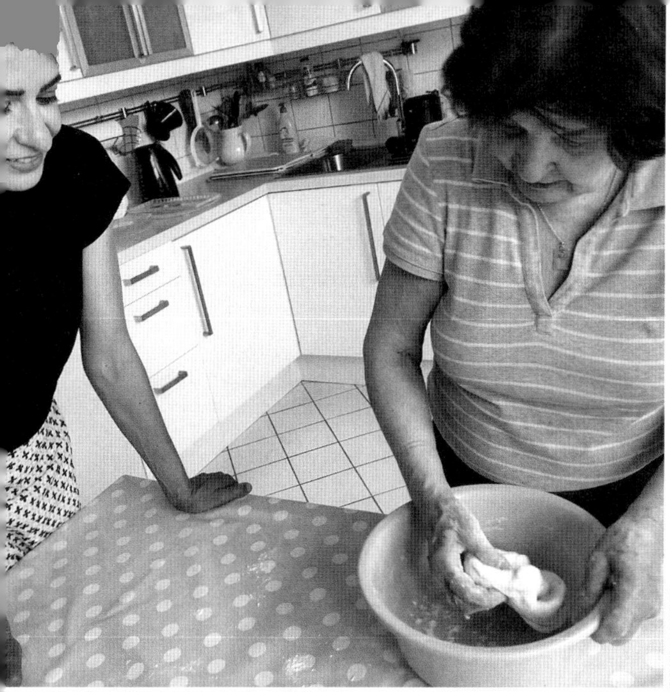

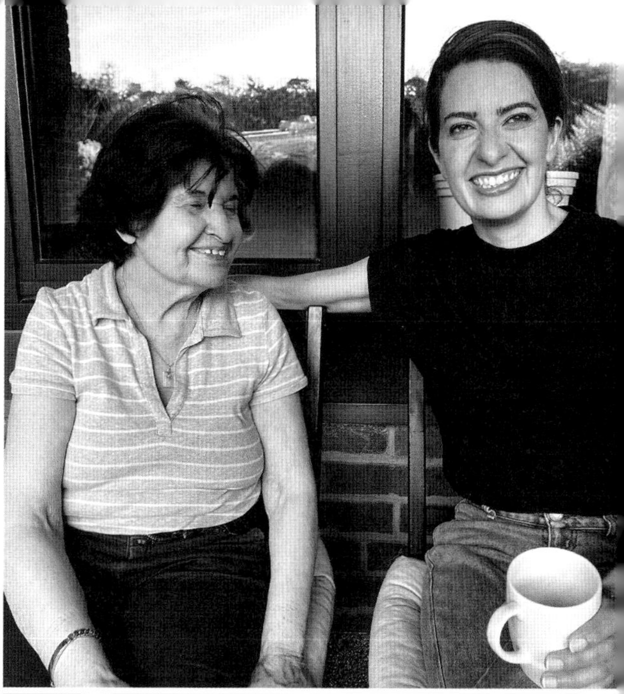

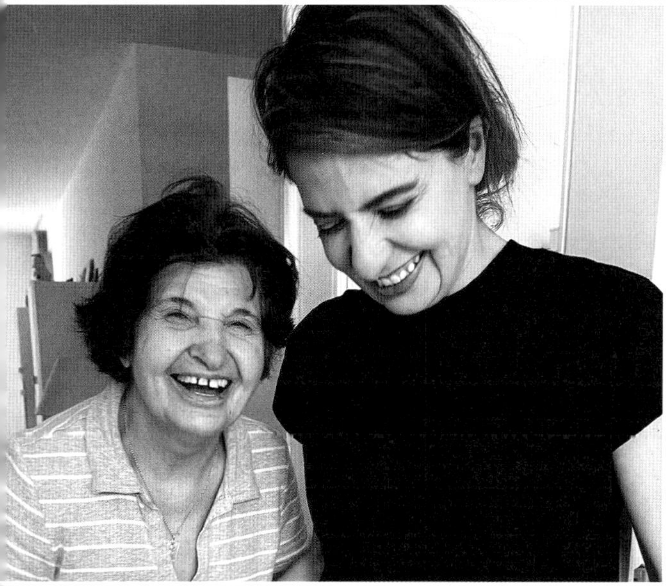

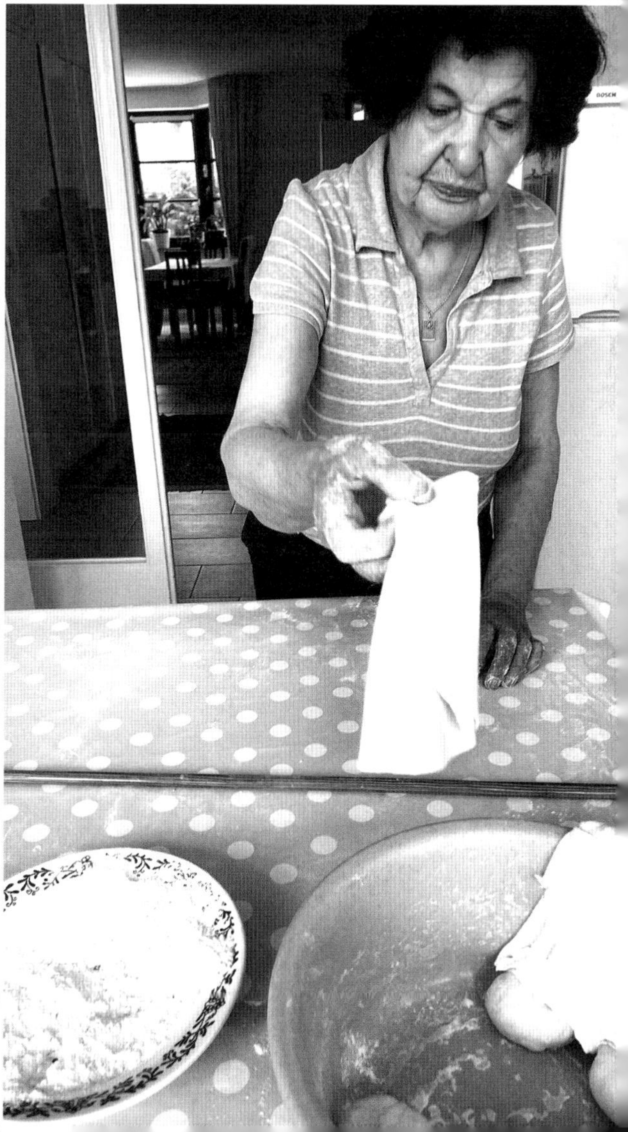

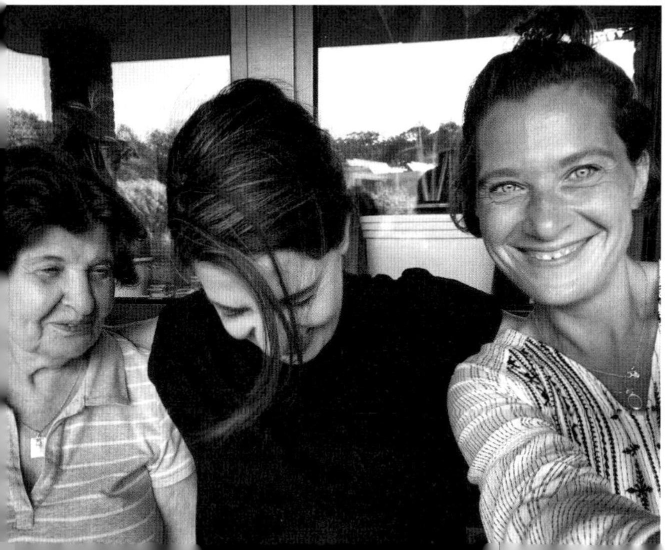

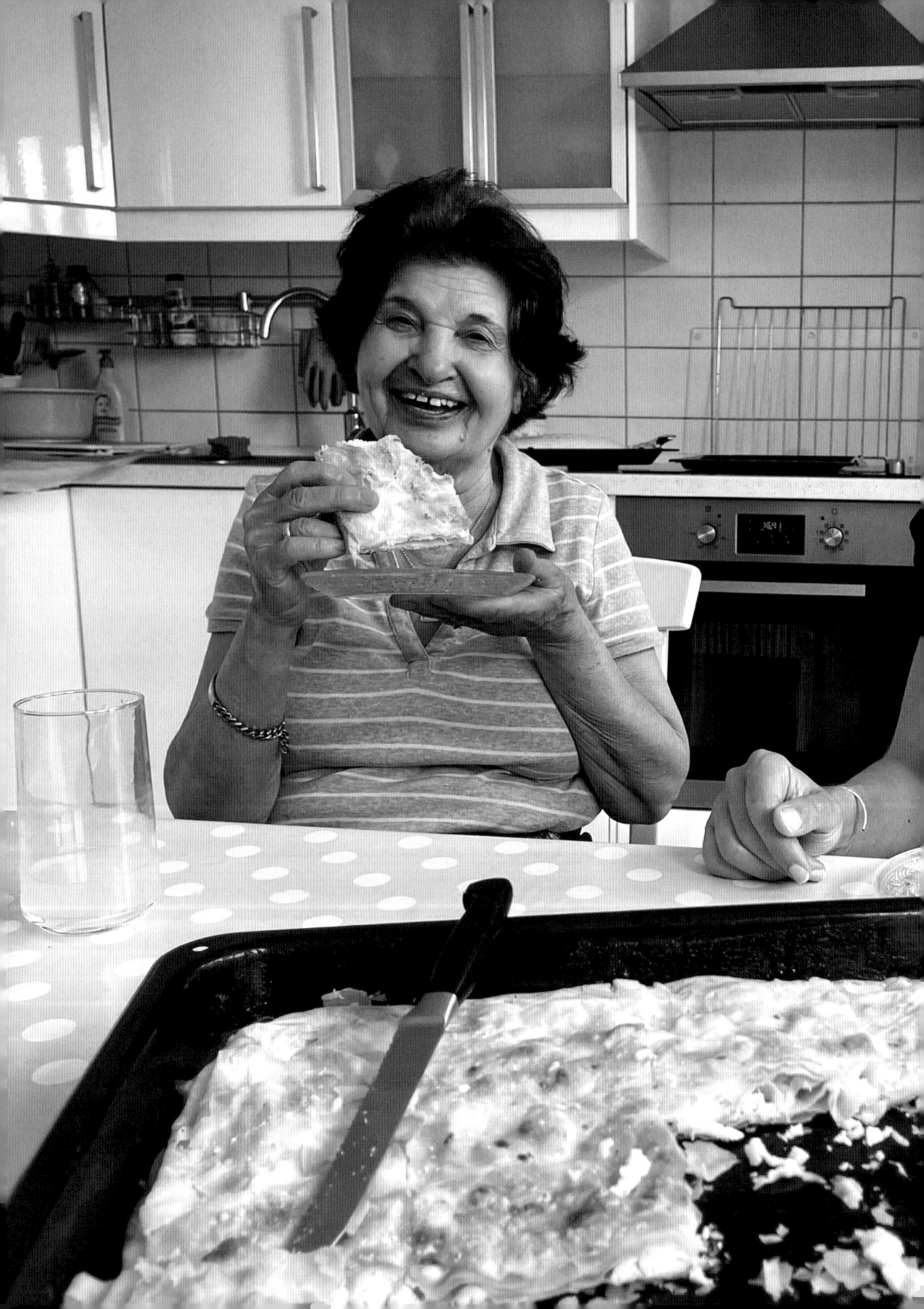

Ich liebe Pita ganz frisch
aus dem Ofen — der erste
warme Bissen, knuspriger
Teig und die würzige
Füllung, die im Mund
zergeht. Aber natürlich
schmeckt Pita kalt eben-
falls ganz fantastisch.

Pita ist auch ein tolles
Mitbringsel, wenn man
eingeladen ist.

REZEPT VON	mir
ERGIBT	4 Portionen
ZUBEREITUNG	20 Min.
KOCHEN	25 Min.
RUHEN	30 Min.

UNBEDINGT AUSPROBIEREN, WEIL …
Ein ganz simpler Kartoffelsalat, aber wie so oft sind es die Details, die den Unterschied machen. Olivenöl, Zitronensaft, Kapern und Oliven bringen einen ganz besonderen Geschmack. Da kann man nichts falsch machen!

Griechischer KARTOFFEL-SALAT

- Die Kartoffeln waschen, in einem großen Topf mit Wasser bedeckt zum Kochen bringen und in ca. 25 Min. weich köcheln lassen.

- In der Zwischenzeit die Zwiebel schälen und in feine Ringe schneiden. Die Zwiebelringe mit 1 TL Salz in einer Schüssel mischen, mit kaltem Wasser bedecken und 20 Min. beziehungsweise bis zur Verwendung ruhen lassen. (Durch das Einlegen werden die Zwiebeln milder und leichter verdaulich.)

- Die Kartoffeln abgießen, etwas abkühlen lassen und pellen. Dann in dickere Scheiben schneiden und in eine große Schüssel geben.

- Die Zwiebelringe in ein Sieb abgießen, abspülen und abtropfen lassen. Den Saft der Zitronen auspressen.

- Zwiebeln, Zitronensaft, Kapern, Petersilie, Oliven und Olivenöl mit den Kartoffeln mischen. Den Salat mit Salz und Pfeffer würzen.

1,5 kg festkochende Kartoffeln
1 rote Zwiebel
Salz
1 ½ Zitronen
3 EL kleine Kapern
(in Salz eingelegt)
2 EL gehackte glatte Petersilie
100 g schwarze Oliven
(z. B. Kalamata)
6 EL Olivenöl
Pfeffer

Den Salat kann man auch super einen Tag vorher zubereiten, er schmeckt dann noch intensiver. Vor dem Servieren aber unbedingt nochmals abschmecken und etwas Olivenöl untermischen, denn die Kartoffeln saugen die Aromen und das Öl regelrecht auf.

Geht ihr
mal bowlen.
Ich trage
Wassermelonen.

REZEPT VON   mir
ERGIBT   4 Portionen
ZUBEREITUNG   10 Min.

UNBEDINGT AUSPROBIEREN, WEIL …

Ich liebe Wassermelonen! Sie erinnern mich immer an meine andere Heimat Griechenland. Im Sommer gibt es nichts Besseres zum Abkühlen als eiskalte Wassermelonenstücke. Für diesen Salat braucht man nur wenige Zutaten, die perfekt miteinander harmonieren, und er ist in ein paar Minuten zubereitet — alles ganz nach meinem Geschmack.

WASSER-MELONEN-SALAT

Dieser Salat ist eine perfekte Beilage zum Grillen und super für ein Picknick.

- Die Wassermelone halbieren, die Hälften längs achteln, von der Schale befreien und das Fruchtfleisch in mundgerechte Stücke schneiden.

- Den Feta in Würfel schneiden. Die Pistazien grob hacken. Das Basilikum waschen und trocken schütteln.

- Die Melonenstücke in eine Schüssel geben, Feta, Pistazien und Basilikum darauf verteilen. Den Salat mit dem Olivenöl beträufeln und sofort servieren.

1 kleine Wassermelone (ca. 2,5 kg)
200 g Schafskäse (Feta)
60 g geröstete, gesalzene Pistazienkerne
1 Handvoll Basilikumblätter
2 EL Olivenöl

Wer mag, kann noch eine klein geschnittene Salatgurke mit den Melonenstücken mischen.

REZEPT VON	meiner Cousine
ERGIBT	4 Portionen
ZUBEREITUNG	5 Min.
BRATEN	15 Min.

UNBEDINGT AUSPROBIEREN, WEIL …

Griechisches Frühstück bedeutet meistens einen »Ellinikos«, einen Mokka, und dazu ein paar Kekse. Aber am Wochenende darf es ruhig etwas mehr sein – bei meiner Cousine gibt es immer Omelette. Das Besondere an diesem Rezept ist Feta, der in der heißen Pfanne schmilzt. Das ist die perfekte Kombination mit Ei.

OMELETTE »GREEK STYLE« à la Cousine

200 g Kirschtomaten
6 EL Olivenöl
4 EL Mineralwasser
8 Eier (M)
Salz
Pfeffer
200 g Schafskäse (Feta)
getrockneter Oregano zum Bestreuen

- Die Tomaten waschen und halbieren. In einer beschichteten Pfanne (ca. 28 cm Ø) 3 EL Olivenöl erhitzen. Die Hälfte der Tomaten hineingeben und bei kleiner Hitze 4 Min. andünsten.

- 2 EL Mineralwasser angießen, 4 Eier hineinschlagen, Salz und Pfeffer dazugeben und alles miteinander verquirlen. Die Eier bei mittlerer Hitze stocken lassen, dabei darauf achten, dass die Tomaten einigermaßen gleichmäßig verteilt sind.

- Den Feta in kleine Stücke schneiden, auf der gestockten Eimasse verteilen und leicht schmelzen lassen. Das Omelette mit Oregano bestreuen und in der Pfanne servieren oder in Stücke schneiden und auf Teller verteilen. Aus den restlichen Zutaten auf die gleiche Weise ein weiteres Omelette backen.

Wer mag, kann noch gehackte glatte Petersilie oder rote Zwiebelwürfel ins Omelette geben. Beides am besten gleich mit den Tomaten andünsten. Für das Omelette nehme ich am liebsten eine Crêpe-Pfanne oder eine andere flache Pfanne, damit geht es am einfachsten.

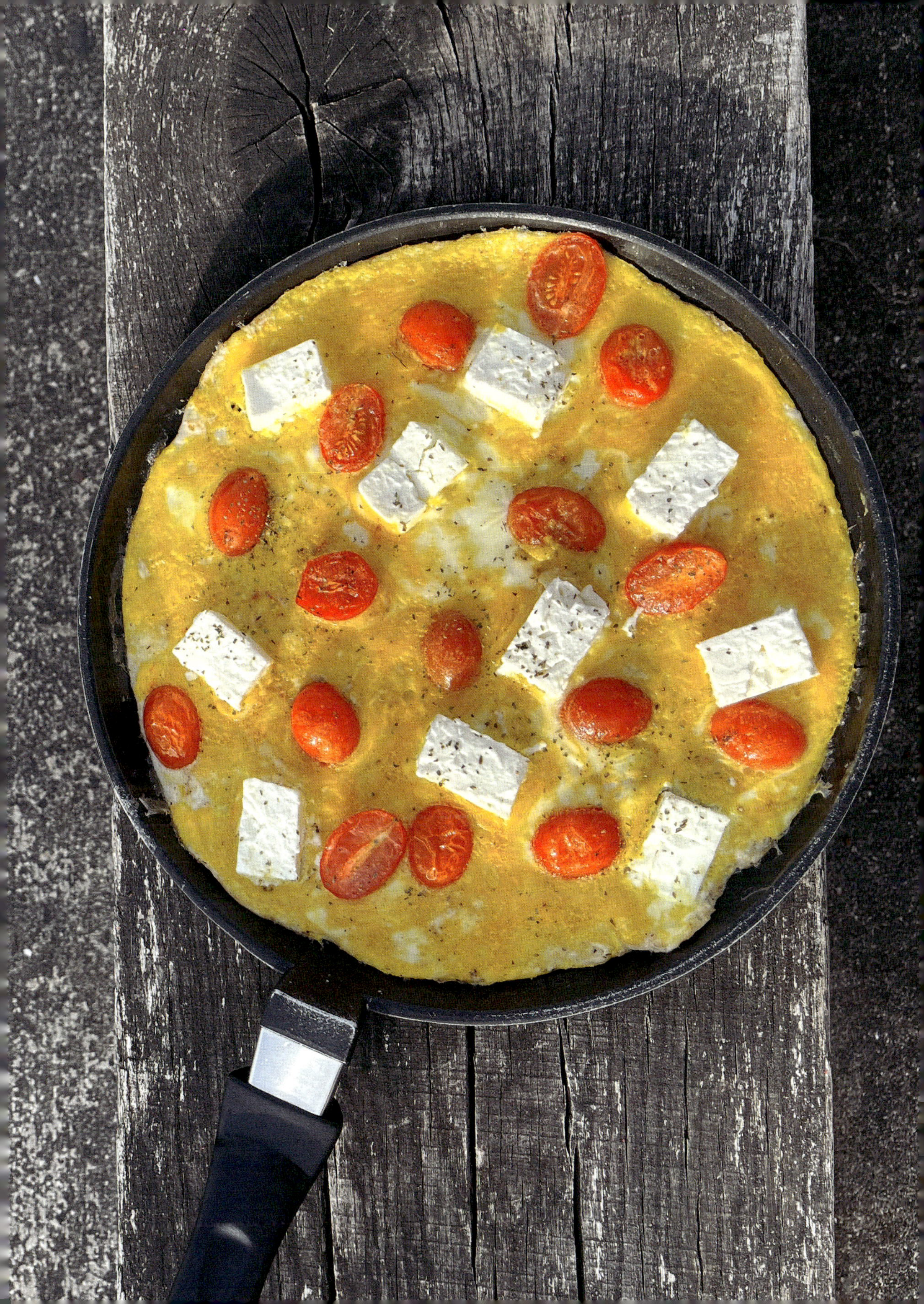

Picknick mit Freunden

Eine Decke,
leckeres Essen und
gute »Parea« (Gesellschaft)
= GLÜCK

MIT MICHALIS PANTELOURIS
(griechischer geht's nicht)

REZEPT VON	mir
ERGIBT	4 Portionen
ZUBEREITUNG	15 Min.
EINWEICHEN	12 Std.
KOCHEN	1 Std. 15 Min.

UNBEDINGT AUSPROBIEREN, WEIL ...
Diese Suppe schmeckt auch kalt hervorragend. Sie ist eine tolle Vorspeise an einem heißen Sommertag oder ein ideales Picknick-Essen. Gutes Brot, Oliven und Feta dazu reichen und alle sind glücklich!

KICHERERBSEN-EINTOPF

- Am Vortag die Kichererbsen in einem großen Topf mit Wasser bedecken und mind. 12 Std. einweichen lassen.

- Am nächsten Tag das Wasser abgießen, die Kichererbsen abspülen und in dem Topf mit reichlich Wasser bedeckt in ca. 1 Std. gar köcheln lassen. Anschließend in ein Sieb abgießen.

- In der Zwischenzeit Zwiebel und Knoblauch schälen und klein würfeln. Das Suppengrün putzen, waschen und in kleine Stücke schneiden. Die Chilischote waschen, längs halbieren, entkernen und fein hacken.

- Das Olivenöl in einem großen Topf erhitzen und die Zwiebel darin andünsten. Suppengrün, Knoblauch und Chili mitbraten, bis alles etwas Farbe bekommt. Mit Kreuzkümmel, Salz und Pfeffer würzen. Die Brühe angießen und die Suppe 5 Min. köcheln lassen.

- Die Kichererbsen hinzufügen und die Suppe 15 Min. köcheln lassen, bei Bedarf noch etwas Wasser hinzufügen. Den Saft von 1 Zitrone auspressen und in die Suppe geben. Die Bio-Zitrone waschen, trocken tupfen und in Spalten schneiden. Die Suppe mit der Petersilie bestreuen und mit den Zitronenspalten servieren.

500 g getrocknete Kichererbsen
1 Zwiebel
1 Knoblauchzehe
1 Bund Suppengrün
1 kleine rote Chilischote
6 EL Olivenöl
1 TL Kreuzkümmel
Salz
Pfeffer
1,2 l Gemüsebrühe
2 Zitronen (davon 1 Bio-Zitrone)
2 EL gehackte glatte Petersilie

Man kann die Suppe vielfältig variieren: Mit Kokosmilch anstelle von Brühe und mit Koriandergrün statt Petersilie bekommt sie eine asiatische Note.

REZEPT VON mir
ERGIBT 4 Portionen
ZUBEREITUNG 15 Min.
EINWEICHEN 12 Std.
KOCHEN 1 Std. 15 Min.
BACKEN 50 Min.

UNBEDINGT AUSPROBIEREN, WEIL …
Gigantes gehören zu jedem Meze-Essen, also zu einem Essen, bei dem viele kleine Speisen auf den Tisch kommen. Jeder nimmt sich, was er mag: Sardellen, Salate, Dips, Souvlaki-Spieße. Gigantes passen zu allem, als Meze werden sie meist kalt serviert.

Gigantes Plaki
GEBACKENE BOHNEN IN TOMATENSAUCE

- Am Vortag die Bohnen in einem großen Topf mit reichlich kaltem Wasser bedecken und mindestens 12 Std. (am besten über Nacht) einweichen lassen.

- Am nächsten Tag das Wasser abgießen und die Bohnen in einem Sieb abbrausen und abtropfen lassen. Dann in dem Topf mit reichlich Wasser bedeckt ca. 1 Std. 30 Min. köcheln lassen, bis sie gar sind, aber noch etwas Biss haben. Anschließend in ein Sieb abgießen.

- Die Frühlingszwiebeln putzen, waschen und in Ringe schneiden. Den Knoblauch schälen und fein würfeln. Die Möhren putzen und in Scheiben schneiden.

- 3 EL Olivenöl in einem Topf erhitzen und die Frühlingszwiebeln darin kurz andünsten. Knoblauch, Tomatenmark, Oregano und Petersilie kurz mitdünsten.

500 g getrocknete weiße Riesenbohnen (Jumbo-Bohnen)
2 Frühlingszwiebeln
4 Knoblauchzehen
2 große Möhren
7 EL Olivenöl
2 EL Tomatenmark
1 TL getrockneter Oregano
2 EL gehackte glatte Petersilie
1 Dose passierte Tomaten (400 g)
Salz
Pfeffer

AUSSERDEM
ofenfeste Form

Super zum Vorbereiten: Man kann die
Bohnen auch zwei Tage vorher einweichen und am Vortag kochen – dann
sind die Gigantes am Zubereitungstag
im Nu fertig.

- Möhren und die passierten Tomaten untermischen, mit Salz und Pfeffer würzen. Die
  Sauce in ca. 10 Min. sämig einköcheln lassen.

- Den Backofen auf 180° vorheizen. Die Bohnen unter die Tomatensauce mischen und
  250 ml Wasser angießen. Die Mischung in eine
  ofenfeste Form geben und mit dem restlichen
  Olivenöl (4 EL) beträufeln. Die Bohnen im Ofen
  (Mitte) ca. 50 Min. garen, dabei gelegentlich
  umrühren und bei Bedarf noch etwas Wasser
  dazugeben. Kali orexi!

REZEPT VON   mir
ERGIBT   4 Portionen
ZUBEREITUNG 20 Min.
BRATEN   2 Std.

UNBEDINGT AUSPROBIEREN, WEIL …
Einfach unglaublich lecker und
dabei so einfach und schnell
zubereitet.

Griechisches
HÄHNCHEN AUS DEM OFEN MIT KARTOFFELN

- Den Backofen auf 180° vorheizen. Die Kartoffeln schälen, längs halbieren und die Hälften jeweils längs in vier Spalten schneiden. Die Zitronen heiß waschen, trocken tupfen und den Saft auspressen. Die Zitronenhälften beiseitelegen. Zitronensaft, Senf, Oregano und Olivenöl zu einer Marinade verrühren.

- Zwiebeln und Knoblauch schälen, die Zwiebeln achteln. Das Hähnchen waschen, trocken tupfen, innen und außen mit Salz und Pfeffer würzen. 2 Knoblauchzehen und 2 Zitronenhälften in die Bauchhöhle des Hähnchens geben. Kartoffeln, Zwiebeln, den restlichen Knoblauch und die Lorbeerblätter in einer Schüssel mischen, mit Salz und Pfeffer würzen.

6 große festkochende Kartoffeln
2 Bio-Zitronen
2–3 EL körniger Senf
1 EL getrockneter Oregano
6 EL Olivenöl
2 rote Zwiebeln
6 Knoblauchzehen
1 Hähnchen (ca. 1,3 kg; küchenfertig)
Salz
Pfeffer
5 Lorbeerblätter
200 ml Weißwein (ersatzweise Wasser)

AUSSERDEM
Auflaufform

45

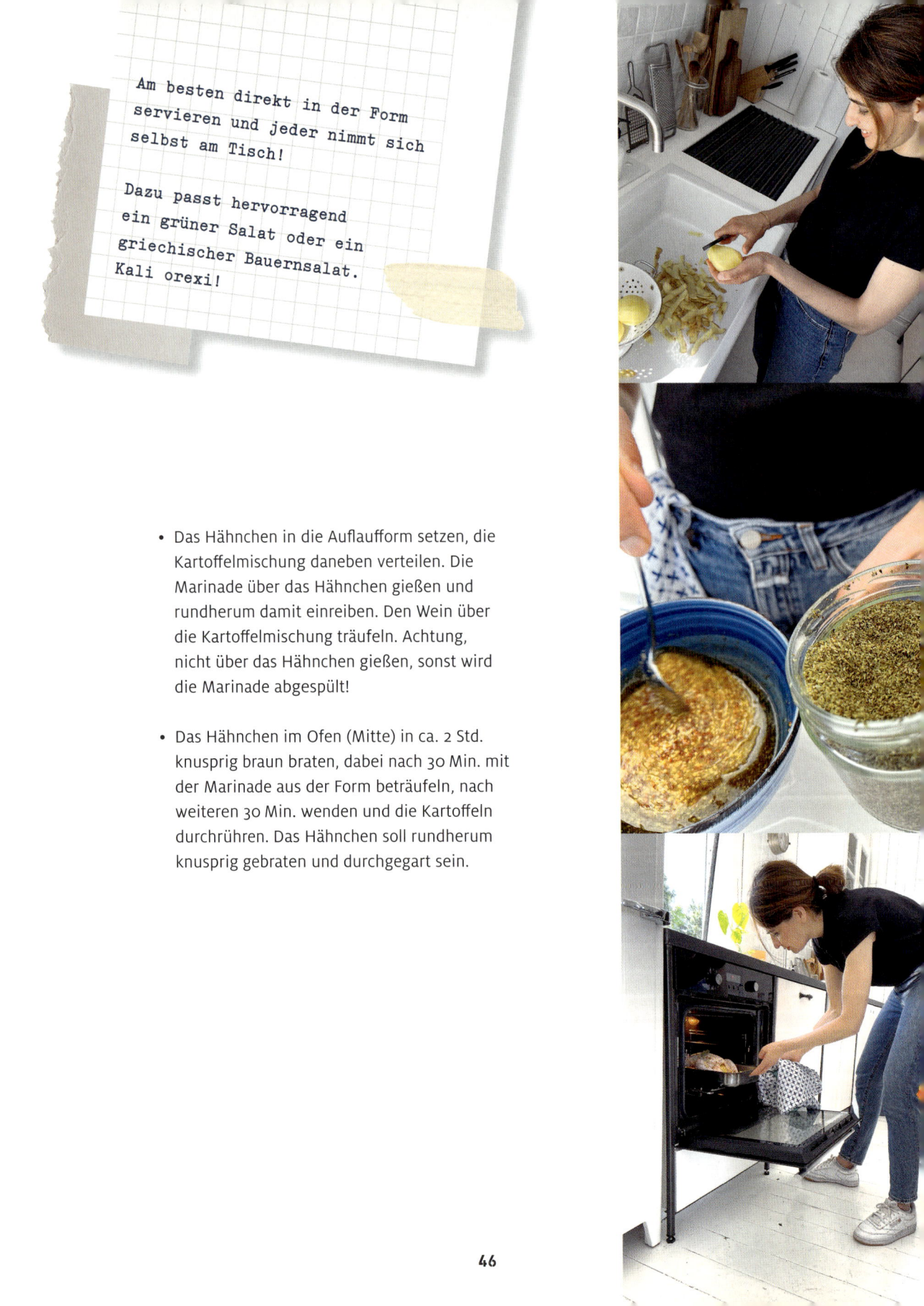

- Das Hähnchen in die Auflaufform setzen, die Kartoffelmischung daneben verteilen. Die Marinade über das Hähnchen gießen und rundherum damit einreiben. Den Wein über die Kartoffelmischung träufeln. Achtung, nicht über das Hähnchen gießen, sonst wird die Marinade abgespült!

- Das Hähnchen im Ofen (Mitte) in ca. 2 Std. knusprig braun braten, dabei nach 30 Min. mit der Marinade aus der Form beträufeln, nach weiteren 30 Min. wenden und die Kartoffeln durchrühren. Das Hähnchen soll rundherum knusprig gebraten und durchgegart sein.

GRIECHENLAND
TRIFFT
ORIENT

Es gibt sehr viele Gemeinsam-
keiten, aber mit die wichtigsten sind: Musik, die Art
zu tanzen und natürlich das
Essen! Viele kleine Vorspeisen
kommen auf den Tisch, alles
wird geteilt und immer wieder
nachgefüllt – stundenlang.
In Griechenland heißt diese
Vorspeisenvielfalt Meze. Das
Wort stammt vom persischen
»Mazze«, »Geschmack«. Und so
schließt sich der Kreis.

HANADI,
SYRIEN

MONTY,
IRAN

KOCHEN FÜR UND MIT FREUNDEN

HANADI »Als ich mit meinem Mann das erste Mal in Syrien war, gingen wir mit Freunden zum Essen. Der ganze Tisch wurde mit den verschiedensten Speisen vollgestellt, er hat alles in vollen Zügen genossen! Ihm war nur nicht klar, dass das nur die Vorspeisen waren und das Essen noch weitere Stunden dauern würde. Danach wusste er für immer: Essen wird in Syrien zelebriert!«

MONTY »Ja, das ist wohl einer der größten Unterschiede, hier muss beim Essen meist alles sehr schnell gehen. Bei uns dauert allein die Zubereitung der vielen Speisen Stunden!«

HANADI (lacht) »Zeitverschwendung vom Feinsten! Es geht halt den ganzen Tag nur ums Essen! Dafür schaffen wir aber auch sonst viel weniger …«

MONTY (lacht mit) »Ja, aber das Leben ist dafür auch viel länger und intensiver!«

51

»Essen mit anderen Menschen zu teilen, das ist das Beste am Kochen!« MONTY

MONTY »Es gibt viele Gerichte im Iran, die nicht nur einfach so gekocht werden – jedes für sich hat eine ganz bestimmte Bedeutung. Wenn etwas Schönes passiert, wird gerne die Suppe Ash-e Reshteh zubereitet. Da hilft dann die ganze Familie mit – alle Tanten versammelten sich immer in unserer Küche.«

HANADI »Ich habe früher nie gekocht,
aber dafür immer gerne gegessen.
Als ich dann mit 21 Jahren meine
Heimat verlassen habe und nach Amerika
ausgewandert bin, wurde mir plötzlich
klar: Ich muss mich jetzt auch selbst
versorgen. Also gab es für mich einen
Telefon-Koch-Workshop — von Syrien
nach Amerika — ganz persönlich von
meiner Mutter. So habe ich Kochen
gelernt!«

Alles klar! Ist ja nur Kochen …!

Der Anfang – Verzweiflung!

»Monty, muss
ich wirklich
alle Kräuter
hier schnippeln?«

Zwischendurch — Motivation!

»Hanadi, dein Dip ist göttlich! Glück pur!«

Fertig!
Jamas!

MUHAMMARA

MIRZA GHASEMI

KUSA BIL THINEH

MAST-O KHIAR

نوش جان

صحتين

Mazze vom Feinsten.
Guten Appetit!

ASH-E
RESHTEH

REZEPT VON Hanadi
ERGIBT 4 Portionen
ZUBEREITUNG 5 Min.

UNBEDINGT AUSPROBIEREN, WEIL ...

Diese aromatische Paste stammt aus Aleppo in Syrien, der Heimat von Hanadi. Sie gehört zu den beliebtesten Mazze-Speisen, weil sie mit vielen Gerichten harmoniert. Ob Hülsenfrüchte oder Gemüse, beispielsweise alles, was man auch mit Paprika kombinieren kann, passt hervorragend. #geschmacksexplosion

Muhammara
PAPRIKA-
WALNUSS-DIP

- Die Schalotte schälen und vierteln. Den Saft der Zitrone auspressen. Schalotte, Zitronensaft, Walnusskerne, Paprikamark, ca. 50 ml kaltes Wasser und Tahini in einen hohen Rührbecher geben.

- Alle Zutaten mit dem Pürierstab oder im Küchenmixer fein mixen, bei Bedarf noch etwas Wasser hinzufügen. Den Dip mit Salz abschmecken.

Wer mag, kann noch eine Knoblauchzehe und etwas Chili in den Dip mixen.

1 Schalotte
1 Zitrone
150 g Walnusskerne
2 EL Aci Biber Salcasi
(scharfes Paprikamark)
4 EL Tahini (Sesampaste)
Salz

Ganz klassisch wird Kusa bil
thineh mit Fleisch zubereitet —
keine Option für Hanadi, die seit
vielen Jahren vegetarisch lebt.
»Du nimmst dafür einfach Sonnenblumenhack, Linda. Mega dazu!«
Linda: »Sonnenblumenhack? Dein
Ernst?« Was soll ich euch sagen.
Ich habe es gegessen und nichts
mehr gesagt. Außer: »Mega«.

REZEPT VON Hanadi
ERGIBT 4 Portionen
ZUBEREITUNG 45 Min.

UNBEDINGT AUSPROBIEREN, WEIL …
Tahini ist Hanadis Geheimzutat
in der Küche.

Kusa bil thineh

GEBACKENE ZUCCHINI MIT TAHINISAUCE

- Den Backofen auf 200° vorheizen. Das Backblech mit Backpapier belegen. Die Zucchini putzen, waschen und in fingerdicke Scheiben schneiden. Die Zucchini auf dem Backblech mit 5 EL Öl mischen und im Ofen (Mitte) in ca. 20 Min. goldgelb backen.

- In der Zwischenzeit den Saft der Zitrone auspressen. Die Zwiebeln schälen und in feine Würfel schneiden. In einer Pfanne das restliche Öl (5 EL) erhitzen und die Zwiebeln darin andünsten. Das Sonnenblumen-hack dazugeben, kurz durchschwenken und mit 100 ml Wasser ablöschen.

- Zitronensaft, Tahini, Tamarindensirup und Baharat unterrühren. Mit Salz abschmecken. Die Mischung unter gelegentlichem Rühren in ca. 15 Min. zu einer dicken, cremigen Sauce einköcheln lassen. Bei Bedarf noch etwas Wasser hinzufügen.

- Zum Anrichten die Zucchinischeiben auf eine Platte oder Teller geben und die Tahinisauce daneben ver-teilen. Mit gehackter Petersilie bestreuen.

4 kleine Zucchini
10 EL Öl
1 Zitrone
2 Zwiebeln
70 g Sonnenblumenhack (Bioladen)
3 EL Tahini (Sesampaste)
1 EL Tamarindensirup (arab./türk. Laden oder online)
1 gestr. EL Baharat (arab. Gewürzmischung; arab./türk. Laden oder online)
Salz
glatte Petersilie zum Bestreuen

In ein Glas 2 EL Tamarinden-sirup geben, mit Wasser auffüllen und Eiswürfel dazu – Tamerhindi schmeckt einfach unglaublich! In Syrien ist das die »Cola« für Kinder, schmeckt aber soviel besser!

REZEPT VON Monty
ERGIBT 4 Portionen
ZUBEREITUNG 10 Min.
ZIEHEN 10 Min.
KÜHLEN 30 Min.

UNBEDINGT AUSPROBIEREN, WEIL …
Dieser Dip ist fast wie ein Tzatziki (da kenne ich mich ja aus!), also ein frischer Begleiter zu Gemüse und Gegrilltem. Er schmeckt aber auch pur als Vorspeise mit Brot.

Mast-o Khiar
IRANISCHER JOGHURTDIP

1 Salatgurke
Salz
500 g griech. Joghurt
5 EL fein gehackte Minze
½ TL getrocknete Minze
Pfeffer
getrocknete Rosenblätter
zum Garnieren

- Die Gurke waschen, schälen und auf einer Küchenreibe fein raspeln. Salzen und in einem Sieb ca. 10 Min. Wasser ziehen lassen.

- Die Gurke mit den Händen ausdrücken und in eine Schüssel geben. Den Joghurt, die frische und die getrocknete Minze untermischen. Den Dip mit Salz und Pfeffer abschmecken und mind. 30 Min. kühl stellen, damit sich die Aromen entfalten.

- Den Joghurtdip mit Rosenblättern bestreuen und mit Fladenbrot servieren.

Wer's orientalischer mag, kann noch Rosinen oder gehackte Walnüsse unter den Dip mischen.
Im Sommer kann man den Dip auch als erfrischende Suppe servieren: Einfach mit Wasser verdünnen und Eiswürfel dazugeben.

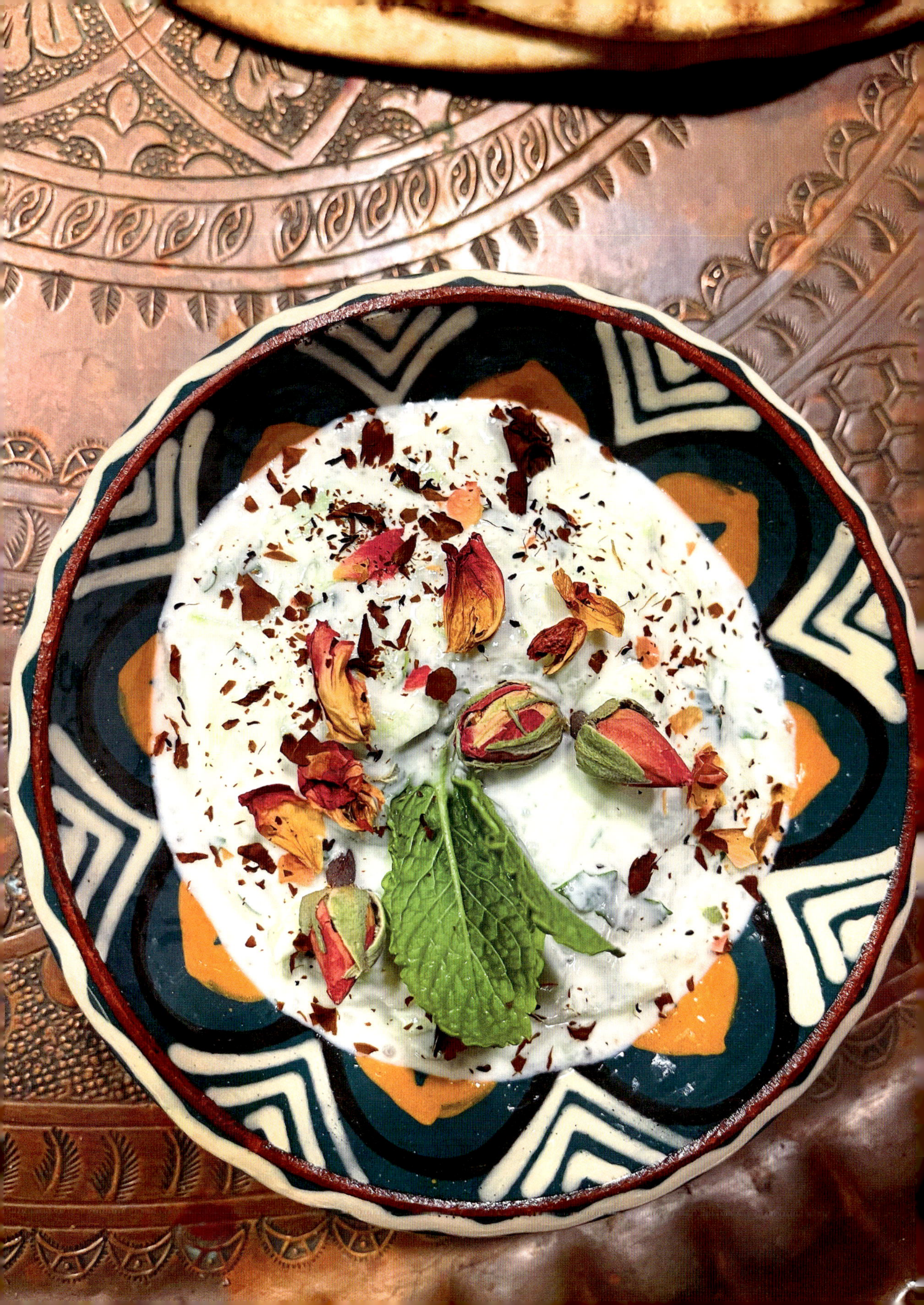

Diese nordiranische Vorspeise auf Auberginenbasis hat eine rauchig-würzige Note. Hier kann man ganz nach Gefühl würzen und auch mal variieren – wie Monty sagt: »Ich wiege und messe nichts ab. Nicht mal mich selbst!«

REZEPT VON	Monty
ERGIBT	4 Portionen
ZUBEREITUNG	20 Min.
KOCHEN	20 Min.
BACKEN	1 Std.

UNBEDINGT AUSPROBIEREN, WEIL …
Perfekt für die Sommerparty mit Freunden. Im Original werden die Auberginen auf dem Grill gegart – so bekommt der Dip eine noch rauchigere Note.

Mirza Ghasemi
PERSISCHER AUBERGINENDIP

3 Auberginen
2 große Tomaten
3 Stängel glatte Petersilie
3 EL Olivenöl
1 TL gemahlene Kurkuma
1 TL Rauchpaprikapulver

½ TL brauner Zucker
Salz
Pfeffer
3 Eier (M)

Wer es scharf mag, mischt noch etwas Chili in den Dip.

- Den Backofen auf 220° vorheizen. Ein Backblech mit Backpapier belegen. Die Auberginen waschen, trocken tupfen und rundherum mit einer Gabel einstechen. Dann auf das Backblech legen und im Ofen (Mitte) unter gelegentlichem Wenden ca. 1 Std. backen, bis sie außen sehr dunkel (im Grunde »verbrannt«) und innen sehr weich sind. Herausnehmen und auskühlen lassen.

- In der Zwischenzeit die Tomaten in einem Topf oder einer Schüssel mit kochendem Wasser übergießen und 5 Min. stehen lassen. Dann kalt abschrecken, die Haut abziehen und das Fruchtfleisch in kleine Stücke schneiden.

- Die Petersilie waschen, trocken schütteln und die Blätter abzupfen. Die Auberginen halbieren, das Fruchtfleisch mit einem Löffel aus den Schalen lösen und klein hacken.

- Das Olivenöl in einer Pfanne erhitzen, die Auberginen darin kurz anbraten, Kurkuma, Rauchpaprikapulver und Zucker untermischen, die Tomaten dazugeben. Mit Salz und Pfeffer würzen. Alles bei kleiner Hitze köcheln lassen, bis es schön sämig ist.

- Die Eier mit etwas Salz verquirlen, über das Gemüse gießen und stocken lassen.

- Den Dip in eine Schüssel geben, mit Petersilie garnieren und mit Fladenbrot servieren.

Eine gute Ash-e Reshteh muss so
dick sein, dass ein Löffel drin
steckenbleibt. Und es dürfen nur
die besten Zutaten rein: Jede
Menge frische Kräuter, Hülsenfrüchte und Reshteh-Nudeln sind
die Basis.

REZEPT VON	Monty
ERGIBT	4 Portionen
ZUBEREITUNG	40 Min.

UNBEDINGT AUSPROBIEREN, WEIL …
Dieses kräuterstrotzende Suppen-Highlight steckt voller Vitamine und sättigt. Kurz: Es macht einfach glücklich.

Ash-e Reshteh
DICKE PERSISCHE NUDELSUPPE

- In einem großen Topf 1,5 l Wasser zum Kochen bringen. Die Kräuter waschen und trocken schütteln, die Blätter abzupfen und grob hacken.

- Die Nudeln in das kochende Wasser geben. Nach ein paar Minuten die abgetropften Kichererbsen, Kidneybohnen sowie Linsen unterrühren und salzen. Die Kräuter untermischen und alles 15 Min. köcheln lassen.

- Inzwischen die Zwiebeln schälen, halbieren und in feine Streifen schneiden. Das Öl in einer Pfanne erhitzen und die Zwiebeln darin goldbraun braten. Den Kurkuma darüberstreuen und kurz mitrösten. Die getrocknete und die frische Minze unterrühren.

- Das Kashk zu der Nudelmischung geben, gut durchrühren, mit Salz und Pfeffer abschmecken. Die Suppe ca. 15 Min. köcheln lassen, bis die Nudeln weich sind.

- Die Suppe in tiefe Teller füllen und die Zwiebel-Minze-Mischung darauf verteilen.

1 kg Kräuter (zu gleichen Teilen gemischt, z. B. glatte Petersilie, Koriandergrün, Spinat, Schnittlauch, Dill)
200 g Reshteh-Nudeln (Orient-Supermarkt oder online)
250 g gekochte Kichererbsen (selbst gekocht oder Dose)
250 g gekochte Kidneybohnen (selbst gekocht oder Dose)
200 g gekochte grüne Linsen (selbst gekocht oder Dose)
Salz
2 große Zwiebeln
5 EL Öl
2 TL gemahlene Kurkuma
1 EL getrocknete Minze
6 EL fein gehackte Minze
1 EL Kashk (Orient-Supermarkt oder online)
Pfeffer

MONTY »Wenn man diese besondere Suppe kocht, gibt man immer auch einen Teller davon an die Nachbarn ab. So kommt man ins Gespräch und man ist wieder über die Neuigkeiten informiert. Gutes Essen ist nicht nur Genuss, es ist auch Kommunikation und Austausch.

Der Duft der verschiedenen Kräuter in dieser Nudelsuppe ist ein Stück Kindheit für mich. Es ist schon eigenartig: Je älter ich werde, umso häufiger koche ich Gerichte aus meiner Vergangenheit. Back to the roots!«

Selbst gekochte Hülsenfrüchte schmecken viel intensiver und haben einen anderen Biss als Konservenware. Zudem spart es Geld, also ist selbst kochen eindeutig die bessere Wahl. Für dieses Rezept weiche ich jeweils 100 g Kichererbsen und Kidneybohnen über Nacht in kaltem Wasser ein. Am nächsten Tag gieße ich sie ab, fülle sie mit frischem Wasser auf und koche sie in ca. 1 Std. weich. Grüne Linsen sind ohne Einweichen schon nach ca. 25 Min. gar.

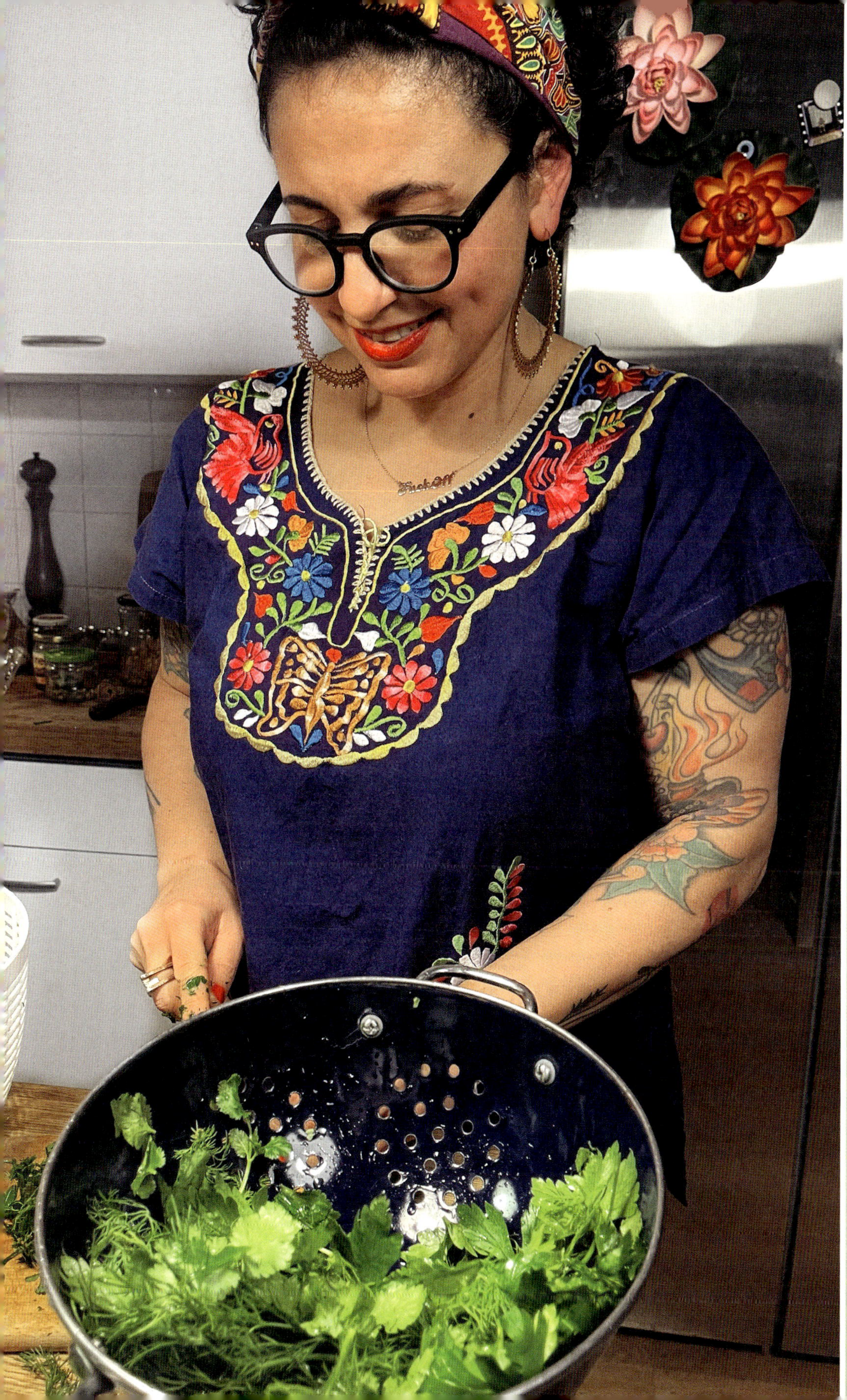

REZEPT VON Monty
ERGIBT 4 Portionen
ZUBEREITUNG 15 Min.

UNBEDINGT AUSPROBIEREN, WEIL …
Datteln sind das »süße Brot der Wüste« – ein schneller, gesunder Nachtisch zum Mokka oder einfach ein Snack für zwischendurch.

GEFÜLLTE DATTELN

16 Datteln (Mazafati oder Medjool)
16 Walnusskerne
Puderzucker zum Bestäuben

Wer mag, kann die Datteln vor dem Servieren statt mit Puderzucker auch mit ganz fein gemahlenen Pistazien oder Kokosraspeln bestreuen.

- Die Datteln seitlich etwas einschneiden und die Kerne entfernen. Die Früchte mit den Fingern vorsichtig etwas auseinanderrücken, mit je 1 Walnusskern füllen und wieder zusammendrücken.

- Die gefüllten Datteln auf einer Platte anrichten und mit Puderzucker bestäubt servieren.

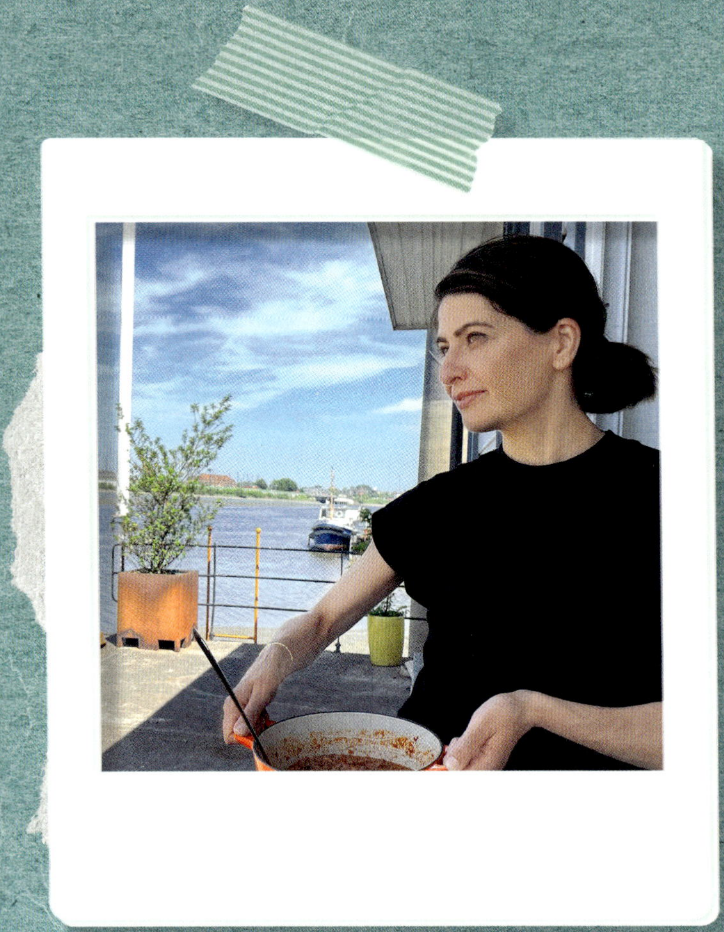

REZEPTE FÜR JEDEN
TAG

Auch eine Köchin will täglich essen (schmunzel). Dabei muss es bei mir an vielen Tagen oft schnell gehen, aber dennoch mit Geschmack! Hier meine Lieblinge für den Alltag.

REZEPT VON mir
ERGIBT 4 Portionen
ZUBEREITUNG 10 Min.

UNBEDINGT AUSPROBIEREN, WEIL …

Ein Gericht, das perfekt ist für »Papara« (Παπάρα), zum Austunken mit Brot. So nennt man Essen, das besonders lecker ist. Besteck ist nicht mehr nötig.

CRUNCHY CASHEW-PESTO MIT BURRATA

FÜR DAS PESTO
1 Knoblauchzehe
60 g Parmesan
120 g getrocknete Tomaten
(in Öl eingelegt)
60 g gesalzene Cashewkerne
1 Handvoll Basilikumblätter
Chiliflocken (nach Belieben)
140 ml Olivenol
Salz
Pfeffer

AUSSERDEM
4 Burrata (à ca. 100 g)
4 getrocknete Tomaten
(in Öl eingelegt; ersatzweise
halbierte Kirschtomaten)
Olivenöl zum Beträufeln
Basilikumblätter zum Bestreuen

- Für das Pesto den Knoblauch schälen und würfeln. Parmesan und getrocknete Tomaten in Stücke schneiden. Knoblauch, Parmesan, Tomaten, Cashewkerne, Basilikum, Chiliflocken nach Belieben und das Olivenöl in einem hohen Rührbecher mit dem Pürierstab mixen. Das Pesto mit Salz und Pfeffer würzen.

- Das Pesto auf Teller verteilen, je 1 Burrata darauflegen und etwas auseinanderbrechen. Die Tomaten darauflegen, mit Olivenöl beträufeln und mit Basilikumblättern bestreuen. Dazu reicht man Brot.

Dieses Pesto passt auch perfekt zu Pasta oder als Dip zu gebratenem Gemüse. Es lohnt sich deshalb, gleich eine größere Menge davon zu machen. In Schraubgläsern, mit Olivenöl bedeckt und kühl gestellt, hält es sich gut 2 Wochen. So hat man für Notfälle immer etwas Leckeres parat.

REZEPT VON	mir
ERGIBT	4 Portionen
ZUBEREITUNG	5 Min.
KOCHEN	15 Min.

UNBEDINGT AUSPROBIEREN, WEIL ...
Ein wirkliches Blitzgericht! Es gibt kaum einen, der diese feine cremige Suppe nicht mag. Und sie sieht großartig aus: Das satte Grün sorgt gleich für gute Laune!

Schnelle
ERBSENCREME-SUPPE

1 Schalotte
2 EL Butter
700 ml Gemüsebrühe
800 g TK-Erbsen
140 g Crème fraîche
Salz
Pfeffer

- Die Schalotte schälen und in Würfel schneiden. Die Butter in einem großen Topf erhitzen und die Schalotte darin andünsten. Brühe und Erbsen dazugeben, dabei 4 EL Erbsen für die Deko beiseitestellen. Alles 15 Min. köcheln lassen.

- Das Gemüse in der Flüssigkeit mit dem Pürierstab fein mixen, zum Schluss 80 g Crème fraîche untermixen. Die Suppe mit Salz und Pfeffer würzen, in tiefe Teller oder Schalen verteilen. Mit der übrigen Crème fraîche und den restlichen Erbsen garniert servieren.

Im Sommer mag ich diese Suppe auch gerne kalt. Dazu passt dann frische Minze: Einfach vor dem Servieren 2 EL fein gehackte Minze daraufstreuen.

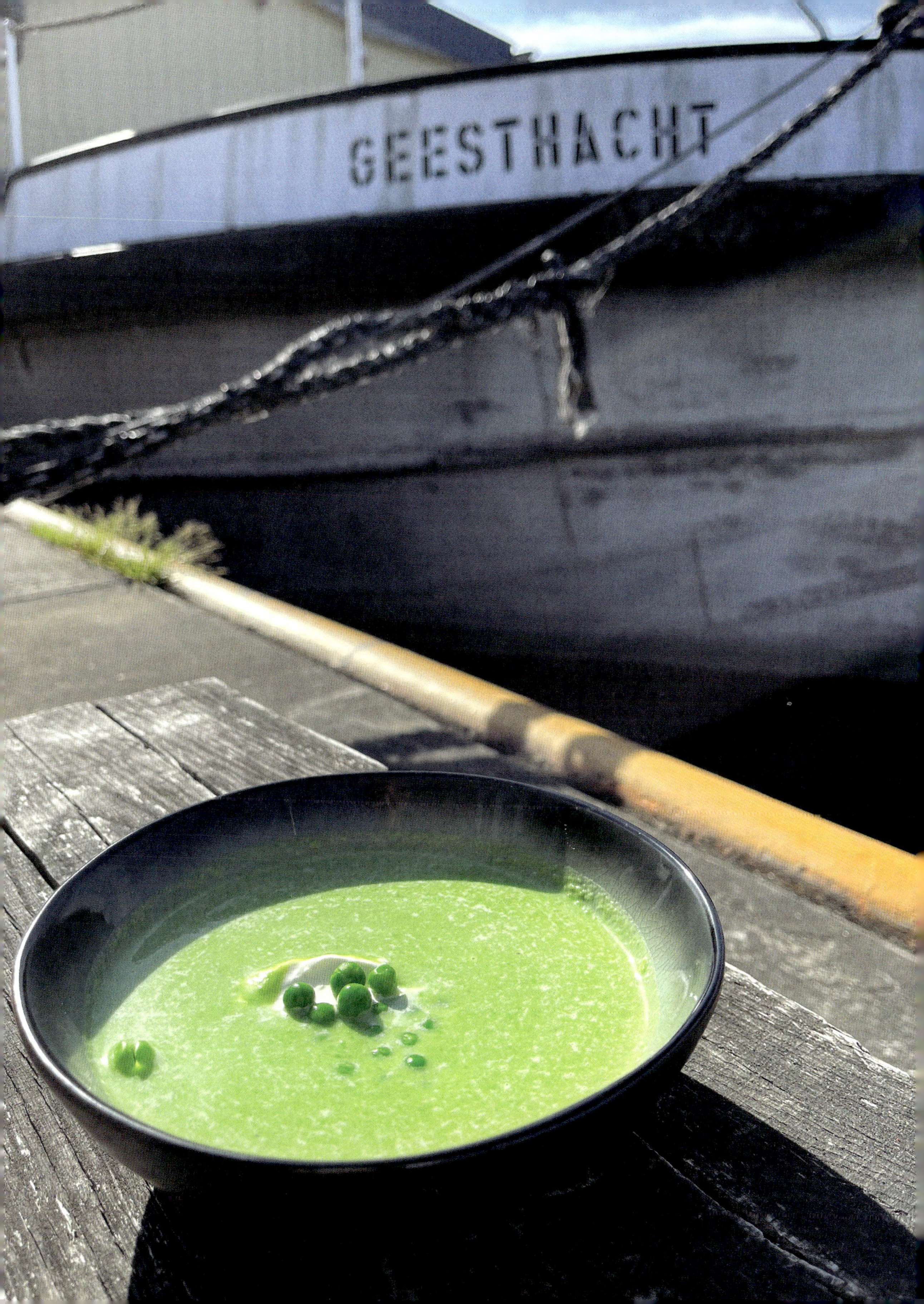
GEESTHACHT

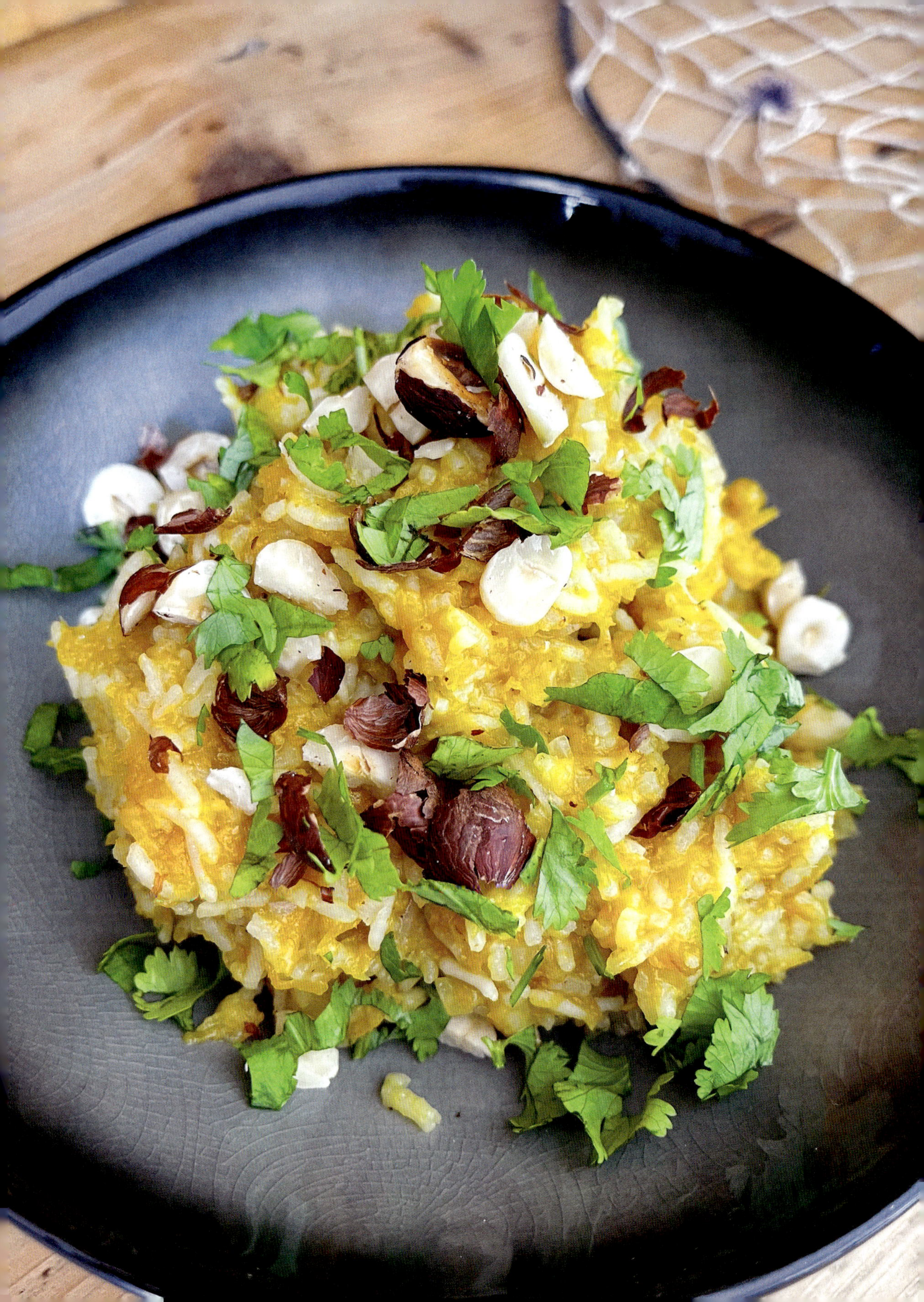

REZEPT VON mir
ERGIBT 4 Portionen
ZUBEREITUNG 15 Min.
KOCHEN 20 Min.

UNBEDINGT AUSPROBIEREN, WEIL …
Dieser Reis macht was her — optisch sowieso, aber auch geschmacklich, weil er in guter Begleitung ist: Haselnüsse, Kreuzkümmel und Koriander sind seine besten Buddies.

Goldener MÖHREN-KNOBLAUCH-REIS

3 Zwiebeln
2 Knoblauchzehen
8 große Möhren
6 EL Olivenöl
2 EL gemahlener Kreuzkümmel
Salz

Pfeffer
350 g Basmatireis
70 g Haselnusskerne
2 Bio-Zitronen
1 Handvoll Koriandergrün

- Zwiebeln und Knoblauch schälen und klein würfeln. Die Möhren putzen, waschen und fein raspeln – das geht am schnellsten mit der Küchenmaschine, aber natürlich auch von Hand auf einer Gemüsereibe.

- Das Olivenöl in einem großen Topf erhitzen, den Kreuzkümmel darin kurz anrösten. Die Zwiebeln dazugeben und andünsten. Knoblauch und Möhren ein paar Minuten mitdünsten, mit Salz und Pfeffer würzen.

- Den Reis untermischen und ein paar Minuten erhitzen. 600 ml Wasser angießen und alles zugedeckt ca. 20 Min. köcheln lassen. Dabei gelegentlich umrühren und bei Bedarf noch etwas Wasser hinzufügen.

- In der Zwischenzeit die Haselnüsse in einer Pfanne ohne Öl kurz rösten. Herausnehmen und grob hacken.

- Die Zitronen heiß waschen und trocken tupfen, von 1 Zitrone die Schale fein abreiben, die andere in Spalten schneiden. Den Koriander waschen und trocken schütteln, die Blätter abzupfen und grob hacken.

- Den Reis mit der Zitronenschale mischen, auf Teller verteilen, Haselnüsse und Koriander darüberstreuen. Den Möhrenreis mit den Zitronenspalten servieren.

Dazu passt perfekt griechischer Joghurt — darübergeträufelt oder separat dazu serviert.

REZEPT VON mir
ERGIBT 4 Portionen
ZUBEREITUNG 30 Min.

UNBEDINGT AUSPROBIEREN, WEIL …

Ich liebe das Zusammenspiel von Roter Bete, Granatapfelkernen und Walnüssen mit dem zitronigen Dressing. Das ist einfach unglaublich gut – und ein Superfood, wenn man mal richtig Power braucht.

ROTE-BETE-SALAT

FÜR DEN SALAT
1 rote Zwiebel
1 TL Salz
350 g Salatblätter (z. B. Rucola, junger Spinat)
4 Rote Beten (gegart)
½ Granatapfel
80 g Walnusskerne
300 g Schafskäse (Feta)

FÜR DAS DRESSING
½ Zitrone
1 EL Ahornsirup
1 EL körniger Senf
2 EL Aceto balsamico
7 EL Olivenöl
Salz
Pfeffer

- Für den Salat die Zwiebel schälen und in feine Ringe schneiden. Die Zwiebelringe mit dem Salz in einer Schüssel mischen, mit kaltem Wasser bedecken und 20 Min. ruhen lassen. (Durch das Einlegen werden die Zwiebeln milder und leichter verdaulich.)

- In der Zwischenzeit für das Dressing den Saft der Zitrone auspressen. Zitronensaft, Ahornsirup, Senf und Essig gründlich miteinander verrühren. Das Olivenöl unter Rühren dazugeben. Mit Salz und Pfeffer abschmecken.

- Den Salat verlesen, waschen und trocken schleudern. Die Roten Beten in mundgerechte Stücke schneiden. Die Kerne des Granatapfels auslösen. Die Walnüsse grob hacken. Die Zwiebeln in ein Sieb abgießen, abspülen und abtropfen lassen.

- Die Salatblätter in eine Schüssel geben oder auf einer Platte verteilen. Rote Beten und Zwiebelringe darauf verteilen und den Feta darüberbröseln. Den Salat mit den Walnüssen bestreuen. Das Dressing darüberträufeln und sofort servieren. Dazu gutes Brot reichen.

REZEPT VON	guten Freunden
ERGIBT	4 Portionen
ZUBEREITUNG	25 Min.
KOCHEN	20 Min.

UNBEDINGT AUSPROBIEREN, WEIL …

Diesen Salat habe ich bei Freunden gegessen. Eine Gabel davon und es war um mich geschehen, ich musste das Rezept haben! Das Besondere dieses Salats ist die Kombination aus Gewürzen, Nüssen und säuerlichen Berberitzen: ein Gedicht. Dazu ist er noch supereinfach zuzubereiten.

COUSCOUS-SALAT
mit Berberitzen

1 Orange
6 EL getrocknete Berberitzen
(ersatzweise Cranberries)
70 g Mandelstifte
300 ml Hühnerbrühe
40 g Pistazienkerne
300 g Couscous
½ TL Salz
1 gestr. TL Kurkumapulver
1 gestr. TL gemahlener Kardamom
1 gestr. TL gemahlener
Kreuzkümmel
1 gestr. TL Zimtpulver
1 ½ TL Rosenwasser (Apotheke oder
online)
40 g Butter
2 ½ TL Zucker

- Den Saft der Orange auspressen. Die Berberitzen mit dem Saft mischen und ca. 15 Min. einweichen lassen.

- In der Zwischenzeit die Mandelstifte in einer Pfanne ohne Fett goldbraun rösten. Die Brühe erhitzen. Die Pistazien grob hacken.

- Den Couscous in einen großen Topf geben. Salz, Kurkuma, Kardamom, Kreuzkümmel, Zimt und Rosenwasser dazugeben. Die Brühe darübergießen und alles verrühren. Den Couscous zugedeckt ca. 15 Min. quellen lassen.

- Die Berberitzen abgießen. Die Butter in einer Pfanne erhitzen, die Berberitzen darin 2 Min. anbraten und den Zucker unterrühren. Berberitzen und Mandeln unter den Couscous mischen und mit Salz abschmecken.

- Den Couscous-Salat in einer Schüssel oder auf Tellern anrichten und mit den Pistazien bestreut servieren.

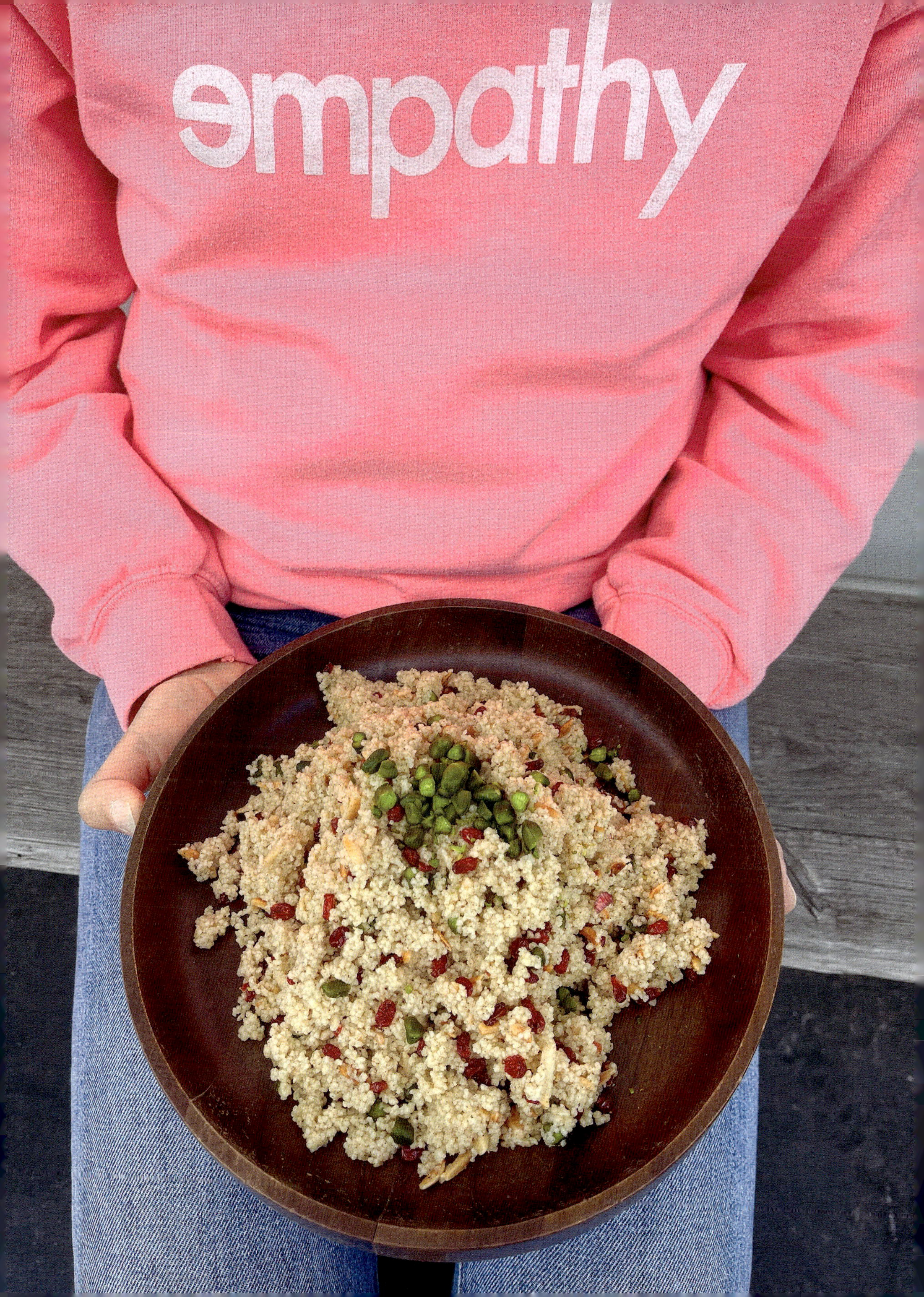
empathy

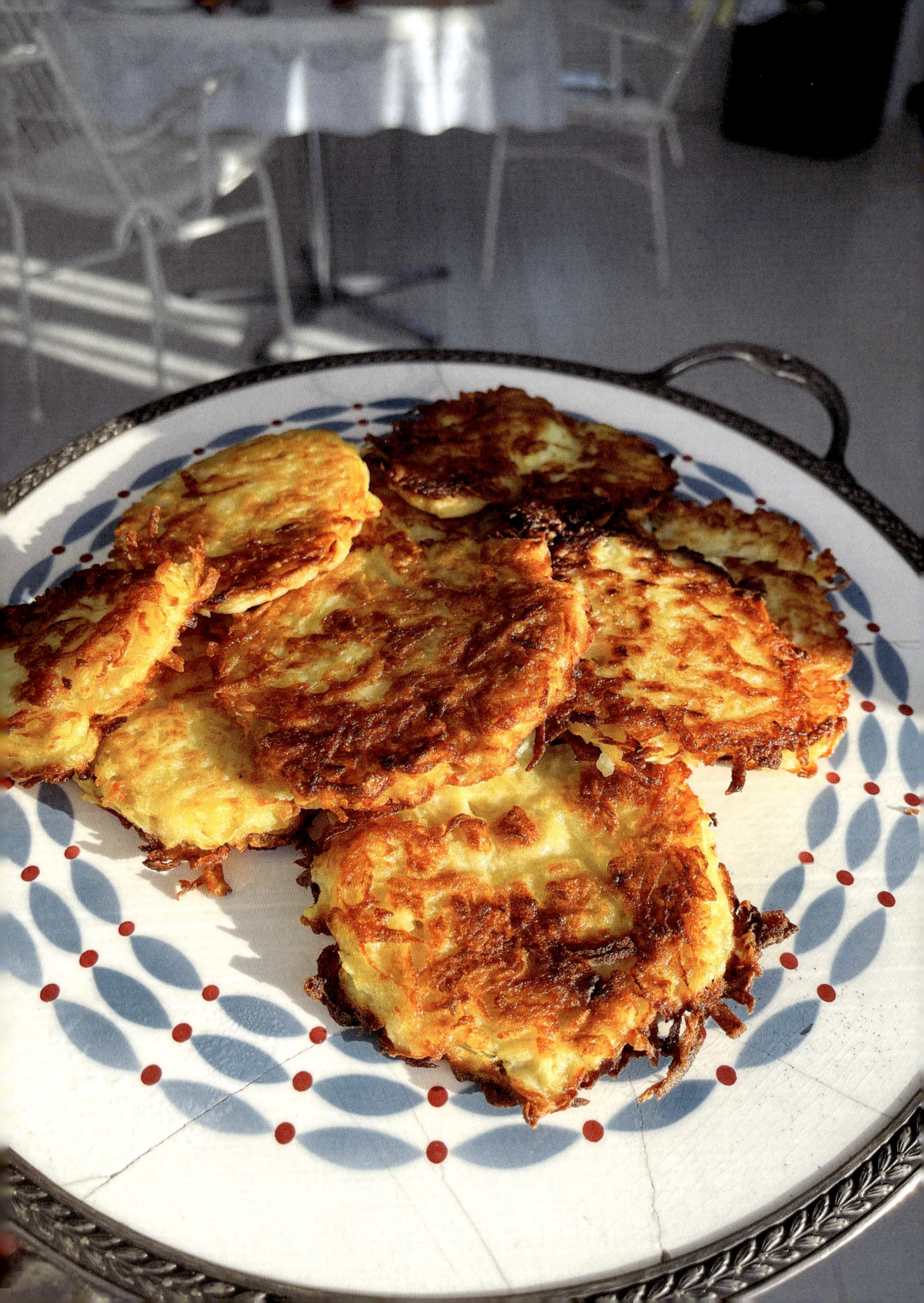

REZEPT VON mir
ERGIBT 12–15 Stück
ZUBEREITUNG 15 Min.
KOCHEN 25 Min.

UNBEDINGT AUSPROBIEREN, WEIL …
Was mich oft selbst überrascht:
Sie gelingen mir einfach immer!

KARTOFFEL-PUFFER

- Die Zwiebel und die Kartoffeln schälen. Die Zwiebel fein, die Kartoffeln grob raspeln. Beides in einer Schüssel mit Eiern, Mehl und Salz mischen.

- In einer großen Pfanne etwas Olivenöl erhitzen. Jeweils 2–3 EL Kartoffelmasse hineingeben und mit dem Löffel zu flachen Puffern drücken. Achtung, ausreichend Platz zwischen den einzelnen Puffern lassen, damit man sie gut wenden kann.

- Die Puffer bei mittlerer Hitze auf beiden Seiten jeweils 3–4 Min. goldbraun braten. Herausnehmen und auf Küchenpapier abtropfen lassen. Aus der restlichen Masse auf die gleiche Weise Puffer braten. Die Puffer mit Alufolie bedeckt warm halten, bis alle fertig sind.

1 Zwiebel
1 kg festkochende Kartoffeln
2 Eier (M)
50 g Mehl
½ TL Salz
12 EL Olivenöl zum Braten

Das ist ein Gericht, das ich nicht sonderlich gerne zube- reite, denn nicht nur die Küche, auch ich selber »dufte« anschließend nach Frittiertem. Aber Kartoffelpuffer sind ein Seelenessen! Am liebsten mit (Zimt und) Zucker. Oder mit Apfelmus.

Mit den Puffern lassen sich auch super Veggieburger kreieren: Dafür Brötchen (Burger Buns oder andere Brötchen) halbieren, mit Crème fraîche bestreichen und mit Salatblättern, Tomaten- scheiben und je einem Puffer belegen, fertig.

MIT
BJARNE MÄDEL

Treffen sich zwei, die lieber essen als kochen ...

BJARNE »Meine Ernährung ist – das hat mal jemand über mich gesagt und trifft es wohl ganz gut – sehr Kindergeburtstagsorientiert. Ich esse halt gerne kleine Cocktailwürstchen und Erdnussflips! Wenn das Essen vor mir zu kompliziert wird – wie eine Explosion von Birne in irgendetwas – und dann noch so ein Schäumchen von Roter Bete ... Das kann mein Magen nicht verarbeiten. Ich muss genau sehen, was da drin ist – dann ist gut.«

Um die Currywurst ranken sich ganz unterschiedliche Geschichten. Ich habe dazu meine eigene: Im Kiosk meiner Mutter gab es einen beliebten Snack, die »Heiße Hexe« – heiß aus der Mikrowelle und direkt frisch aus der Packung. Ja, ich gebe zu: ein Highlight aus meiner Kindheit, selbstgemacht schmeckt es natürlich deutlich besser. Hier für euch mein liebstes Rezept. Schmeckt!

REZEPT VON mir

ERGIBT 4 Portionen

ZUBEREITUNG 5 Min.

KOCHEN 20 Min.

UNBEDINGT AUSPROBIEREN, WEIL …

»Currywurst geht immer!«

CURRYWURST

- Für die Currysauce die Schalotten schälen und sehr fein würfeln. Das Öl in einem Topf erhitzen und die Schalotten darin glasig dünsten. Tomatenmark, Currypulver und Chiliflocken leicht mitrösten lassen.

- Passierte Tomaten, Apfelsaft und Apfelmark unterrühren und alles aufkochen lassen. Die Sauce mit Worcestersauce, Paprikapulver, Salz und Zucker würzen und in 20 Min. sämig einköcheln lassen. Bei Bedarf noch etwas Wasser hinzufügen.

- Die Bratwürste in einer Pfanne oder auf dem Grill auf beiden Seiten braten, bis sie etwas Farbe bekommen. Dann in mundgerechte Stücke schneiden. Die Sauce darauf verteilen, mit Currypulver bestäuben und sofort genießen!

FÜR DIE CURRYSAUCE

2 Schalotten

2 EL Sonnenblumenöl

2 EL Tomatenmark

2 TL Currypulver

½ TL Chiliflocken

500 g passierte Tomaten

100 ml Apfelsaft

3 EL Apfelmark

½ EL Worcestersauce

1 TL edelsüßes Paprikapulver

½ TL Salz

1 TL brauner Zucker

AUSSERDEM

4 feine Bratwürste (je ca. 120 g)

2 TL Currypulver zum Bestäuben

Am besten gleich die doppelte Menge Currysauce kochen und in heiß ausgespülte Schraubgläser füllen. So hat man eine tolle selbstgemachte Sauce für Notfälle. Sie schmeckt auch super zu gegrilltem Fleisch oder Gemüse. Und zu Pommes! Im Kühlschrank ist die Currysauce mindestens 2 Wochen haltbar.

Bjarne, warum kochst du
nicht gern?
»Ich finde, der Aufwand ist
immer zu groß mit dem
ganzen Schnippeln. Und nach
10 Minuten hab ich das ja
dann auch wieder alles
aufgegessen!
Das steht in keinem
Verhältnis für mich.
Aber wenn ich Gäste habe,
muss bei mir auch keiner
verhungern! Rührei mit
Tomate und Käse oder Pasta
bekomm ich auch hin!
Schmeckt und macht satt.«

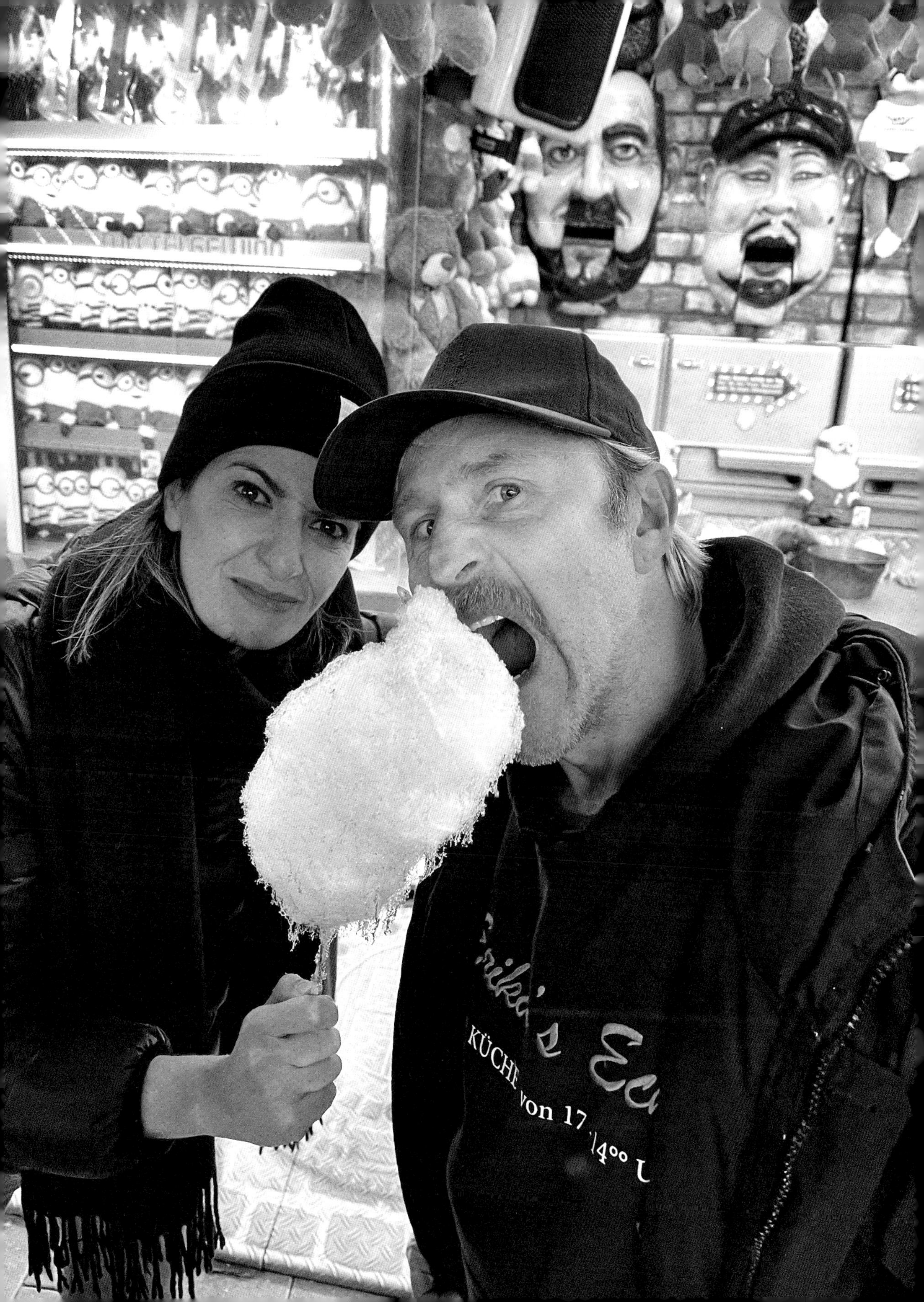
KÜCHE
von 17

REZEPT VON	mir, gelernt in Italien
ERGIBT	4 Portionen
ZUBEREITUNG	15 Min.
BRATEN	2 Std. 15 Min.

(Wenn man schon nicht kochen kann, dann muss man wenigstens Zeit in theoretisches Wissen investieren … Knick knack. Lächel.)

UNBEDINGT AUSPROBIEREN, WEIL …

Es gibt keine »Spaghetti Bolognese«! Das Gericht heißt »Ragù alla Bolognese« und wird nicht mit dünnen Spaghetti serviert, weil dicke Saucen an ihnen nicht so gut haften bleiben. Besser geeignet sind Tagliatelle oder Penne.

Meine
BOLO

- Die Zwiebeln schälen und in kleine Würfel schneiden. Die Möhren putzen, schälen, längs halbieren und in Scheiben schneiden.

- 4 EL Olivenöl in einer Pfanne erhitzen und die Butter dazugeben. Zwiebeln und Möhren darin bei kleiner Hitze ca. 5 Min. andünsten. Das Tomatenmark hinzufügen und unter Rühren leicht anrösten. Die Pfanne vom Herd nehmen.

- 3 EL Olivenöl in einem großen Topf erhitzen und die Hälfte des Hackfleischs darin unter Rühren scharf anbraten. Das Hackfleisch auf einen Teller geben. Das restliche Olivenöl (3 EL) in dem Topf erhitzen und das übrige Hackfleisch darin scharf anbraten. Das beiseitegestellte Hackfleisch dazugeben und erhitzen.

- Das Hackfleisch mit 100 ml Wasser (oder Wein) ablöschen. Milch und Tomaten untermischen, mit Salz und Pfeffer würzen und alles aufkochen lassen.

- Den Knoblauch schälen, fein würfeln und mit Möhren und Zwiebeln unter das Hackfleisch mischen. Die Bolo zugedeckt 2 Std. köcheln lassen, dabei gelegentlich umrühren und bei Bedarf etwas Wasser hinzufügen.

2 rote Zwiebeln
2 Möhren
10 EL Olivenöl
40 g Butter
2 EL Tomatenmark
800 g Rinderhackfleisch
200 ml Milch
1 Dose gehackte Tomaten (400 g)
Salz
Pfeffer
2 Knoblauchzehen

Wenn ich Zeit habe, lasse ich die Bolo auch mal 4 Std. vor sich hinköcheln. Man kann sie gar nicht zu lange kochen – ihr Geschmack wird immer intensiver.

Wer mag, kann noch eine klein geschnittene Chilischote in der Bolo mitköcheln oder die Hälfte des Wassers durch Rotwein ersetzen.

Manchmal koche ich gleich die
doppelte Menge Bolo und mache
damit am nächsten Tag eine
schnelle Lasagne Greek Style.
Dafür schichte ich sie einfach
mit Lasagnescheiben in eine
Form (Achtung, erste und letzte
Schicht immer Bolo). Feta darüberbröseln und die griechische
Lasagne bei 180° im Ofen (Mitte)
etwa 40 Min. backen. Fertig.
Kali orexi!

BILLY WAGNER

WIRT,
NOBELHART & SCHMUTZIG.
BERLIN.

… schaut, dass Gäste dasitzen.

LINDA

HEUTE KOCHAZUBINE

Von den Großen lernen. Fangen
wir erst mal mit essen an!

MICHA SCHÄFER

KÜCHENCHEF & STERNEKOCH, NOBELHART & SCHMUTZIG. BERLIN.

… macht die Gäste satt!

BILLY »Ich koche privat ganz oft das, was ich bei Micha gegessen habe! Kombinationen, die er schon mal umgesetzt hat und die perfekt miteinander harmonieren.«

MICHA »Und ich verwende immer nur die besten Produkte und davon nur zwei, drei Komponenten – dann muss ich auch nicht mehr so viel kochen! Der Geschmack kommt quasi von selbst, du musst manchmal nur noch etwas Salz hinzugeben und fertig!«

Im Speiselokal Nobelhart & Schmutzig kommt nur Regionales auf die Teller. »Brutal lokal« wird hier wirklich gelebt. Wirklich gut kochen beginnt schon mit dem Einkauf der Lebensmittel. Und einfach kochen bedeutet nicht simpel im Geschmack. Schön, das von einem Sternekoch zu hören, das macht mir noch mehr Mut.

»Essen ist immer auch ein politischer Akt, und Politik wird heute nun mal mit dem Ein- kaufszettel gemacht.«

MICHA »Ich mag meinen Beruf, auch weil jeder, der bei uns im Nobelhart & Schmutzig Koch werden will, sein kann, wie er möchte!

Du kannst auch komplett unangepasst sein in der Gesellschaft, solange du in der Küche und im Team funktio- nierst, bist du immer willkommen. Dabei spielen Sprache und Kultur gar keine Rolle. Und das, finde ich, ist etwas sehr Schönes!«

»Ich hab ja ein
Speiselokal, weil
ich da Menschen
habe, die richtig
gut kochen und das
dann für mich machen.«

Linda: »Ahh!! Mein Traum!!«

BILLY »Unser Speiselokal und im
Besonderen ich als Gastwirt habe die
Aufgabe, eine ›Beilage‹ zu sein. Natürlich möchten unsere Gäste essen, aber
wir schaffen den Rahmen für einen gelun-
genen Abend mit guter Unterhaltung und
einem guten Gefühl.

Als Gastronom musst du auch unterschiedliche Menschen aushalten wollen und
können. Und dabei immer die Stimmung und
Atmosphäre im Blick behalten. Es gehört
soviel mehr zu einem guten Essen als das
Essen selbst.«

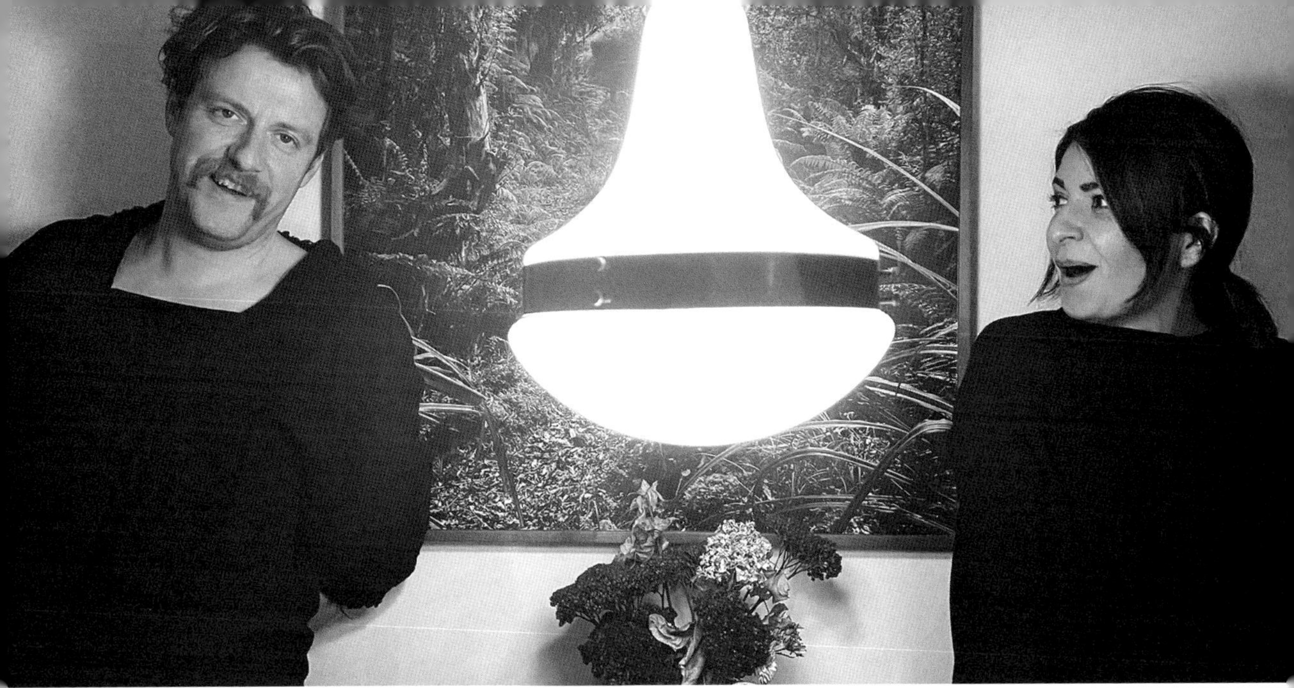
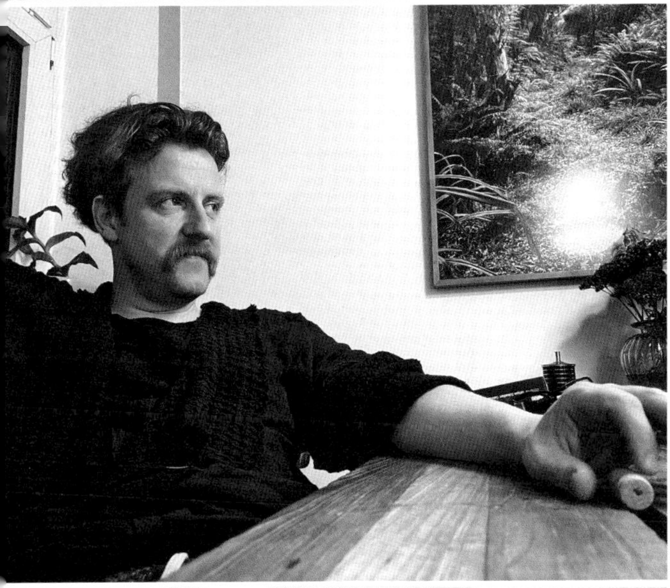
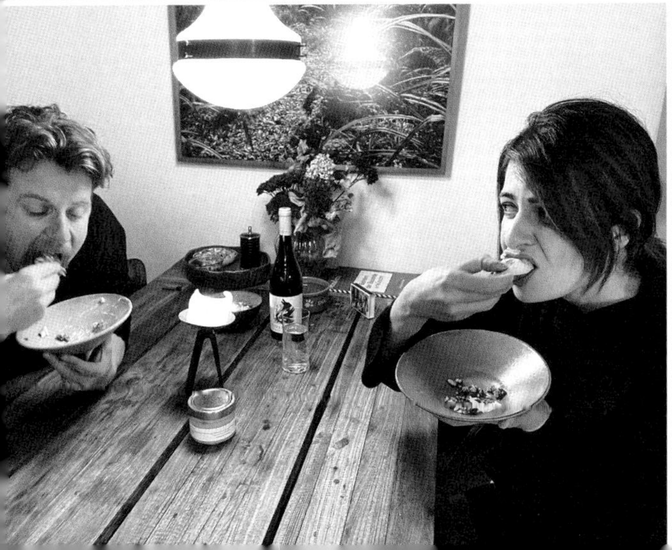
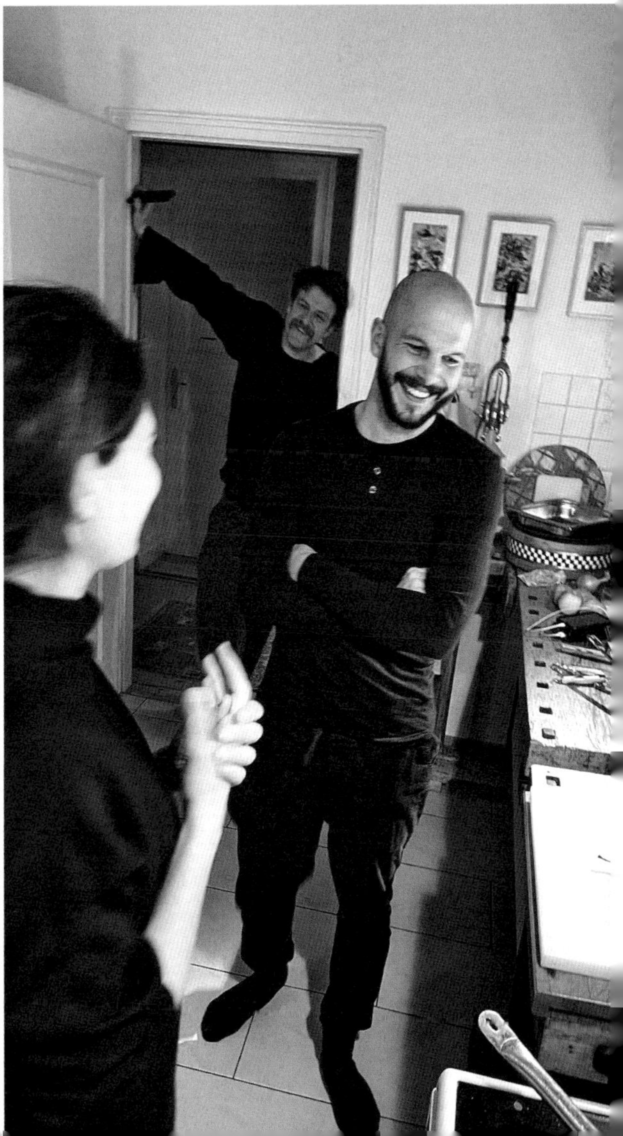

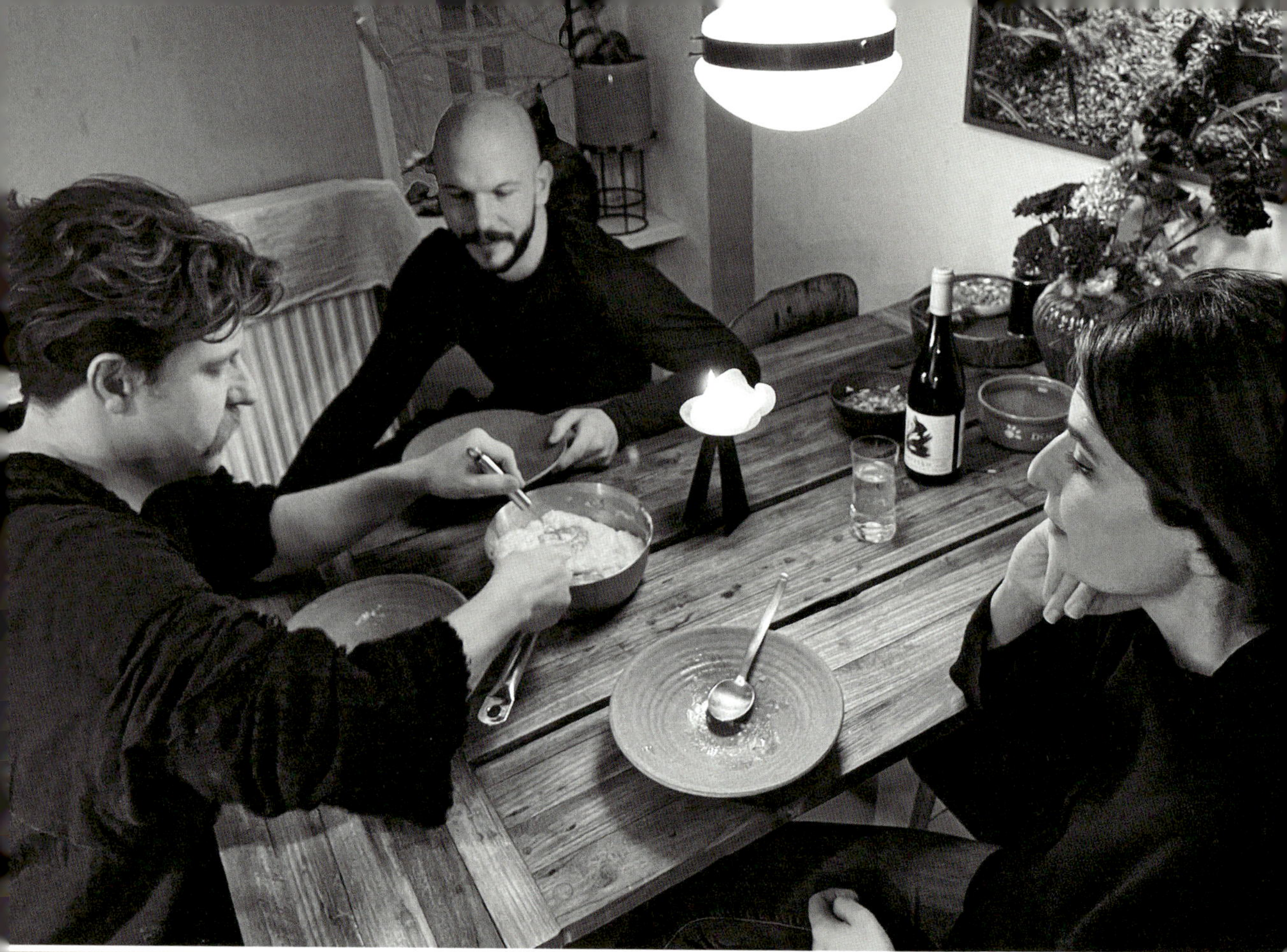

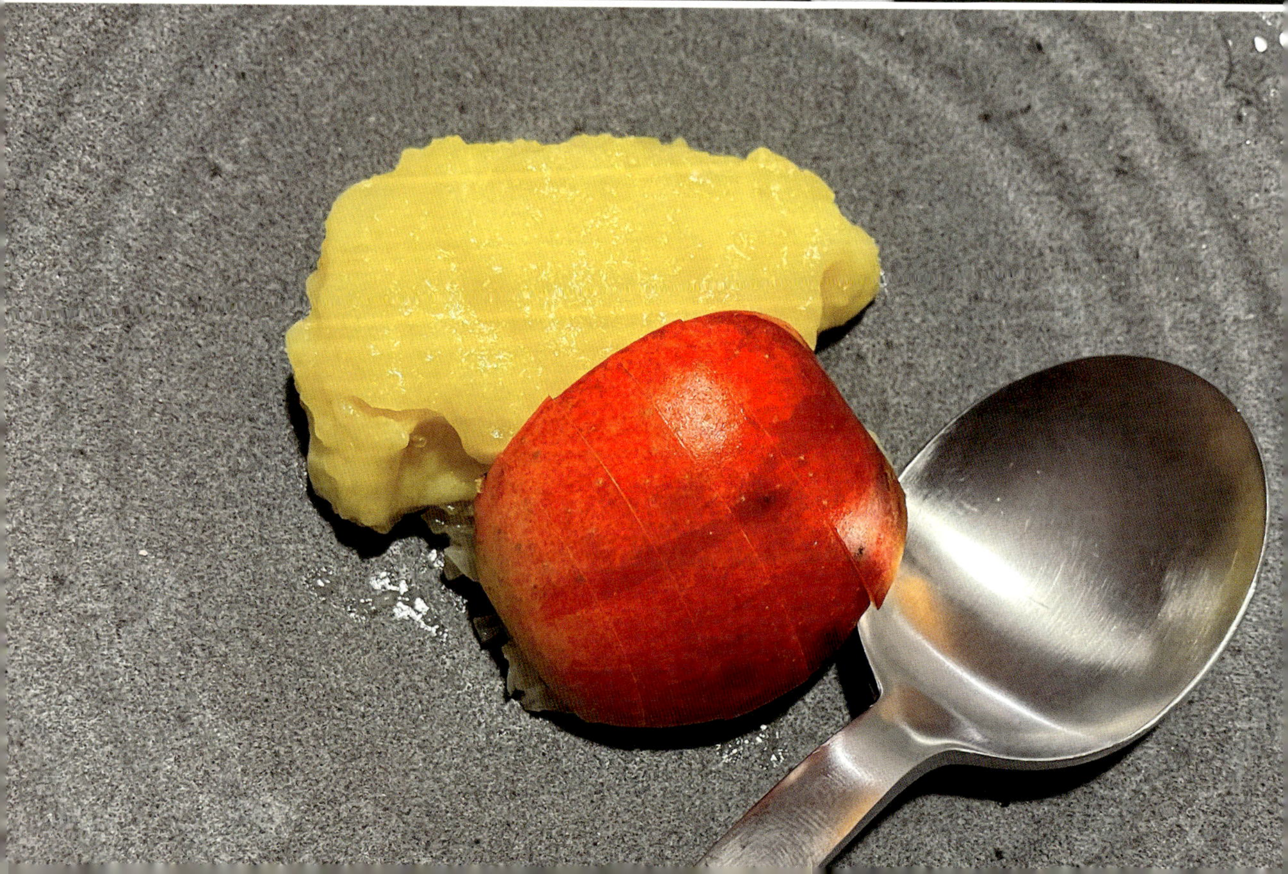

REZEPT VON Micha Schäfer
ERGIBT 4 Portionen
ZUBEREITUNG 45 Min.

UNBEDINGT AUSPROBIEREN, WEIL …
Michas Seelenessen für Bauch und Herz.

KARTOFFEL / ZWIEBEL / APFEL

- Für die Zwiebel-Brunoise die Zwiebeln schälen und in sehr feine Würfel schneiden. Die Butter in einem Topf erhitzen (nicht braun werden lassen). Die Zwiebelwürfel mit 1 Prise Salz darin bei kleiner Hitze dünsten, bis sie zerfallen – das dauert ca. 40 Min. Dabei immer wieder umrühren, damit die Zwiebeln nicht anbrennen. Es soll ein helles, butterweiches Zwiebelpüree entstehen.

- Inzwischen für das Kartoffelpüree die Kartoffeln schälen, waschen, vierteln und in gesalzenem Wasser in ca. 15 Min. weich kochen. Die Kartoffeln abgießen, dabei ca. 200 ml Kochwasser auffangen. Die Kartoffeln mit dem Kartoffelstampfer grob zerdrücken oder für ein feineres Püree durch die Flotte Lotte drehen.

- Die beiden Buttersorten, ca. 160 ml Kochwasser und den Apfelessig unter das heiße Püree rühren. Das Püree soll eine cremige Konsistenz haben. Mit Salz abschmecken (vorsichtig, das Kochwasser ist ja bereits salzig).

- Die Äpfel waschen, halbieren, die Kerngehäuse entfernen. Eine Pfanne stark erhitzen, die Butter hineingeben und die Äpfel auf einer Seite kurz und stark anbraten.

- Jetzt kann angerichtet werden: Einen großen Löffel Kartoffelpüree auf jeden Teller geben, an die Seite einen kleineren Löffel Zwiebel-Brunoise setzen. Jeweils eine Apfelhälfte auf die Zwiebel-Brunoise setzen. Die übrigen Apfelhälften, die restliche Zwiebel-Brunoise und das übrige Kartoffelpüree sind für den Nachschlag.

FÜR DIE ZWIEBEL-BRUNOISE
300 g Zwiebeln
160 g Butter
Salz

FÜR DAS KARTOFFELPÜREE
600 g vorwiegend festkochende Kartoffeln
Salz
1 TL geräucherte Butter (s. auch Tipp)
120 g Butter
1 EL Apfelessig

FÜR DIE ÄPFEL
4 kleine säuerliche Äpfel (z. B. Elder von Boskop oder Holsteiner Cox)
1 EL Butter

AUSSERDEM
Kartoffelstampfer oder Flotte Lotte

Wer mag, kann das Gericht noch mit einem Bohnenkrautstängel garnieren.

Wer keine geräucherte Butter hat, kann auch einfach ein bisschen Rauchsalz unters Püree mischen.

Dieses Rezept liest sich im ersten Moment wie ein Einkaufszettel von mir. Aber bei Micha löst diese ›Liste‹ andere Gefühle aus. Er hat sofort eine Komposition im Kopf: Himmel un Ääd – ein traditionelles Rezept aus seiner Heimat Ost-Westfalen.

Einfach kann sooo gut sein.

REZEPT VON	Micha Schäfer
ERGIBT	4 Portionen
ZUBEREITUNG	20 Min.
BACKEN	10 Min.
KOCHEN	25 Min.

UNBEDINGT AUSPROBIEREN, WEIL …

einfach, nachhaltig, perfekt

BIRNE / DOPPEL-RAHM / WALNUSS

- Den Backofen auf 120° vorheizen. Die Walnusskerne grob hacken und in ein feines Sieb geben, Schalenstaub und feine Nusskrümel aussieben. Die Walnüsse auf einem Backblech verteilen und im Ofen (Mitte) 10 Min. rösten.

- Inzwischen den Zucker in einer Pfanne bei mittlerer Hitze unter Rühren langsam goldbraun karamellisieren lassen. Die Hitze reduzieren und die Nüsse unterrühren. Die Butter und 1 Prise Salz dazugeben und rühren, bis alle Walnussstücke mit Karamell ummantelt sind. Die Karamellwalnüsse mit zwei Esslöffeln gleichmäßig auf Backpapier verteilen und erkalten lassen.

- Das Walnusskaramell mit einem Messer in Stücke schneiden (nicht hacken, sonst produziert man eher Staub als saubere, schöne Karamellstücke).

- Den Doppelrahmfrischkäse mit einem Schneebesen glatt rühren. Die Birnen halbieren, schälen und die Kerngehäuse entfernen. Die Schnittflächen der Birnen gut mit Butter einstreichen. Eine Pfanne erhitzen und die Birnen auf den Schnittflächen anbraten.

- Nun wird angerichtet: Auf jeden Teller eine Nocke Doppelrahm geben, mit karamellisierten Walnüssen bestreuen und eine Birnenhälfte mit der Wölbung nach oben danebensetzen. Mahlzeit!

200 g Walnusskerne
120 g Zucker
1 EL Butter
Salz
4 EL Doppelrahmfrischkäse (sehr gute Qualität)
2 kleine Birnen (z. B. Butterbirne, Gute Graue, Prinzessin Marianne oder eine andere feste, dickschalige Sorte)
60 g weiche Butter

ALLES
MIT
TEIG

Yummy!

Am leckersten schmeckt der Butterkuchen lauwarm und mit Schlagsahne. Aber Achtung, Suchtgefahr!

REZEPT VON	mir
ERGIBT	ca. 16 Stück
ZUBEREITUNG	30 Min.
GEHEN	1 Std. 20 Min.
BACKEN	20 Min.

UNBEDINGT AUSPROBIEREN, WEIL …

Allein schon wegen des ganz eigenen, wunderbaren Dufts von frischem Hefeteig in der Küche!

Bester
BUTTERKUCHEN

- Für den Teig das Mehl in eine große Schüssel geben und in die Mitte eine Mulde drücken. Die Hefe in die Mulde bröseln und 1 EL Zucker darüberstreuen. 100 ml Milch hineingießen und leicht verrühren. Die Schüssel abdecken und den Vorteig 15 Min. ruhen lassen.

- Die Butter in einem Topf schmelzen und abkühlen lassen. Butter, die restliche Milch, den übrigen Zucker, Eier, Vanillepaste sowie 1 Prise Salz hinzufügen und alles mit den Knethaken des Handrührgeräts ca. 5 Min. verkneten. Danach den Teig auf der Arbeitsplatte mit den Händen weiter kneten, bis er schön glatt ist. Den Teig zu einer Kugel formen und in der Schüssel zugedeckt bei Zimmertemperatur ca. 45 Min. gehen lassen, bis er sein Volumen ungefähr verdoppelt hat.

- Das Backblech mit Backpapier belegen. Den Teig auf der leicht bemehlten Arbeitsfläche in der Größe des Backblechs ausrollen, auf das Backblech legen und zugedeckt weitere 20 Min. gehen lassen.

- Den Backofen auf 200° vorheizen. Mit den Fingern in den Teig im Abstand von ca. 3 cm kleine Mulden drücken. Für den Belag die Butter in kleine Stücke schneiden und die Stückchen mit dem Messer in die Mulden verteilen. Die Mandelblättchen und den Zucker über den Teig streuen. Den Butterkuchen im Ofen (Mitte) in ca. 20 Min. goldbraun backen.

FÜR DEN TEIG
500 g Mehl
30 g frische Hefe
125 g Zucker
200 ml lauwarme Milch
75 g Butter
2 Eier (M)
1 TL Vanillepaste
Salz

FÜR DEN BELAG
200 g kalte Butter
75 g Mandelblättchen
50 g Zucker

AUSSERDEM
Backblech
Mehl zum Arbeiten

Hefeteig: »Freund oder Feind?«
Ich habe mich für Ersteres ent-
schieden, weil man aus diesem
Teig die tollsten Dinge zaubern
kann. Also: Ärmel hochkrempeln,
etwas Zeit mitbringen –
und beten!

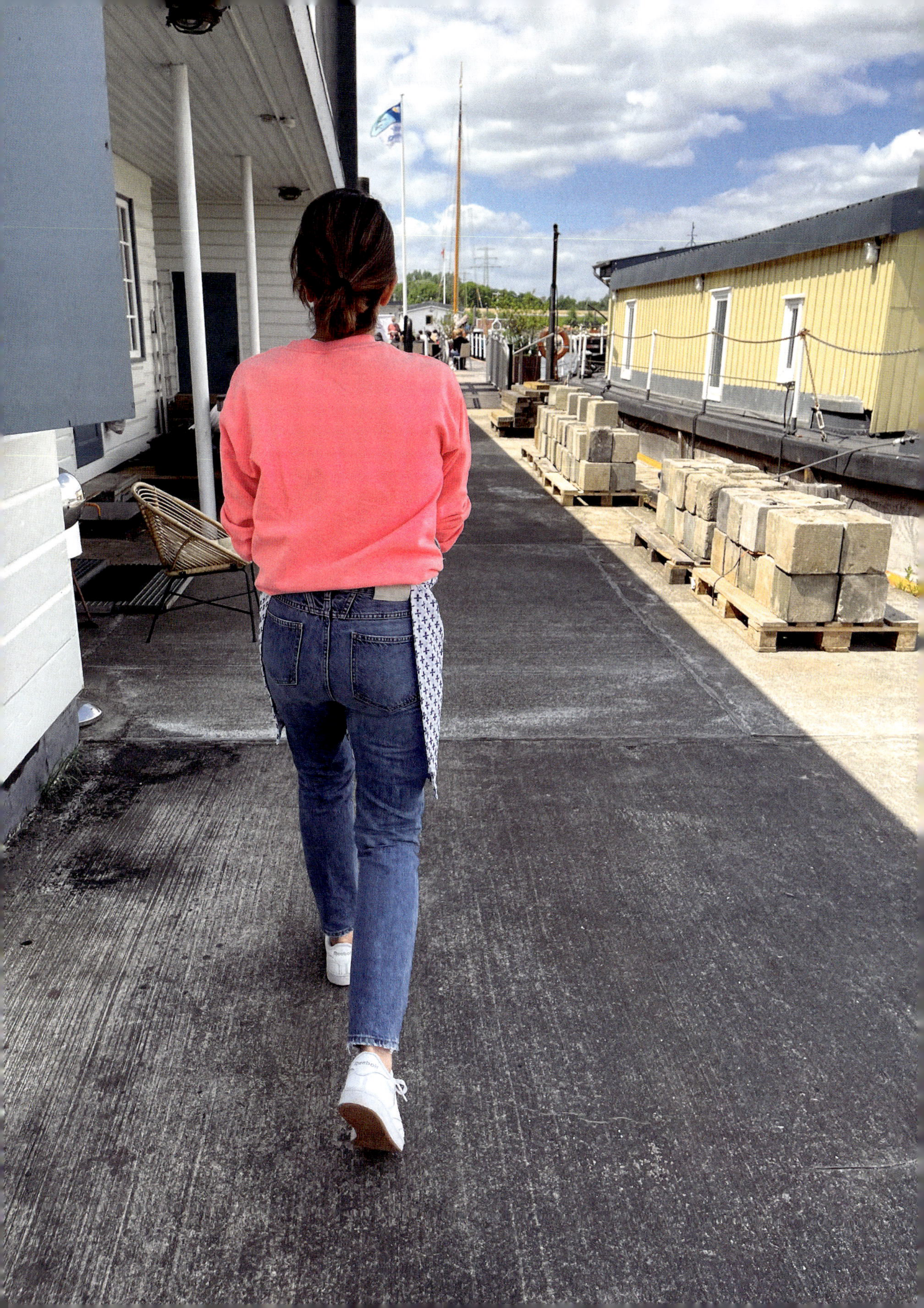

REZEPT VON	mir
ERGIBT	ca. 16 Stück
ZUBEREITUNG	40 Min.
GEHEN	1 Std. 10 Min.
BACKEN	17 Min.

UNBEDINGT AUSPROBIEREN, WEIL …
Luftiger Hefeteig, mit Butter bestrichen und mit einer Zucker-Zimt-Mischung gebacken … Schon beim Gedanken daran läuft mir das Wasser im Mund zusammen!

ZIMTSCHNECKEN

- Für den Teig die Milch lauwarm erhitzen. Die Butter schmelzen und abkühlen lassen. Milch, Zucker und zerkrümelte Hefe in einer großen Schüssel mischen. Butter, Ei, 1 Prise Salz sowie die Hälfte des Mehls dazugeben und alles mit den Knethaken des Handrührgeräts verrühren. Dann das restliche Mehl unterkneten. Den Teig auf der Arbeitsplatte mit den Händen weiter kneten, bis er schön glatt ist.

- Den Teig zu einer Kugel formen und in der Schüssel zugedeckt bei Zimmertemperatur ca. 1 Std. gehen lassen, bis er sein Volumen ungefähr verdoppelt hat.

- Inzwischen für die Füllung die Butter in Scheiben schneiden und weich werden lassen. Das Backblech mit Backpapier belegen.

- Den Teig mit den Händen durchkneten und auf der bemehlten Arbeitsfläche zu einem Rechteck von ca. 50 × 60 cm ausrollen, dabei den Teig ebenfalls mit Mehl bestäuben, damit er nicht an der Rolle klebt.

- Den Teig mit der weichen Butter bestreichen – das geht am besten mit einem großen Messer. Zucker und Zimt mischen und auf den Teig streuen. Den Teig von der schmalen Seite her aufrollen. Die Rolle in 3 cm dicke Stücke schneiden.

FÜR DEN TEIG
300 ml Milch
65 g Zucker
½ Würfel frische Hefe (21 g)
75 g zerlassene Butter
1 Ei (M)
Salz
530 g Mehl

FÜR DIE FÜLLUNG
65 g Butter
40 g Zucker
2 TL Zimtpulver

AUSSERDEM
Backblech
1 Eigelb (M)
4 EL Milch
Puderzucker zum Bestäuben

- Die Schnecken mit etwas Abstand auf das Backblech legen und zugedeckt ca. 10 Min. ruhen lassen, bis sie etwas aufgegangen sind.

- Den Backofen auf 170° vorheizen. Das Eigelb mit der Milch verrühren und die Schnecken damit bestreichen. Die Zimtschnecken im Ofen (Mitte) in ca. 17 Min. goldbraun backen. Herausnehmen, etwas abkühlen lassen und mit Puderzucker bestäubt servieren.

REZEPT VON	mir
ERGIBT	12 Stücke
ZUBEREITUNG	20 Min.
BACKEN	1 Std. 20 Min.

UNBEDINGT AUSPROBIEREN, WEIL …
Dieser Apfelkuchen, übrigens ganz ohne Butter, ist für mich der weltbeste Apfelkuchen überhaupt.

Supersaftiger
APFELKUCHEN

- Für die Füllung die Äpfel vierteln, schälen, Kerngehäuse entfernen und die Viertel in mundgerechte Stücke schneiden. Die Zitrone heiß waschen und trocken tupfen, die Schale abreiben und den Saft auspressen. Die Äpfel in einer Schüssel mit Zitronensaft, -schale, Zucker und Zimt mischen.

- Den Backofen auf 180° vorheizen. Die Springform mit Öl einfetten (das geht am besten mit Küchenpapier). Für den Teig in einer großen Schüssel Eier und Zucker mit den Rührbesen des Handrührgeräts in ca. 6 Min. hellschaumig schlagen. Das Öl unterrühren. Mehl, Backpulver, Vanillezucker und 1 Prise Salz mischen und unter die Eier-Öl-Masse rühren.

- Zwei Drittel des Teigs in die Form geben. Die Hälfte der Äpfel darauf verteilen. Die Äpfel mit dem restlichen Teig bedecken und darüber die übrigen Äpfel verteilen. Dann den Kuchen im Ofen (Mitte) in 1 Std. 20 Min. goldbraun backen. Zwischendurch prüfen: Falls er zu dunkel wird, die Oberfläche mit Alufolie abdecken.

- Den Kuchen in der Form abkühlen lassen. Dann in Stücke schneiden und mit Puderzucker bestäuben.

FÜR DIE FÜLLUNG
1 kg Äpfel (z. B. Elstar)
1 Bio-Zitrone
4 EL Zucker
1 TL Zimtpulver

FÜR DEN TEIG
4 Eier (M)
200 g feiner Zucker
250 g Öl
250 g Mehl
1 Pck. Backpulver
1 Pck. Vanillezucker
Salz

AUSSERDEM
Springform (26 cm Ø)
Öl für die Form
Puderzucker zum Bestäuben

Serviert man diesen Kuchen einmal
seinen Gästen, hat man nur ein
Problem: Bereits nach dem ersten
Bissen ist klar — man muss ihn
immer wieder backen!

REZEPT VON	mir
ERGIBT	18 Stücke
ZUBEREITUNG	20 Min.
BACKEN	40 Min.

UNBEDINGT AUSPROBIEREN, WEIL …

Spontan Gäste zu Besuch?
Kein Problem!
Das hier ist der wohl schnellste
Schokokuchen der Welt.

Blitz-
SCHOKO-
KUCHEN

FÜR DEN TEIG
200 g Zartbitterschokolade
(70 % Kakaoanteil)
200 g Butter
175 g Zucker
200 g gemahlene Mandeln
Salz
4 Eier (M)

AUSSERDEM
Springform (26 cm Ø)
Butter für die Form
Puderzucker zum Bestäuben

- Den Backofen auf 160° vorheizen. Die Springform mit Butter einfetten.

- Die Schokolade in Stücke brechen und mit der Butter in eine große Metallschüssel geben. Die Schüssel auf ein heißes Wasserbad stellen und Schokolade mit Butter darin schmelzen lassen.

- Zucker, Mandeln und 1 Prise Salz in eine Schüssel geben. Die Schoko-Butter-Mischung dazugießen und alles mit einem Kochlöffel oder den Rührbesen des Handrührgeräts gründlich mischen.

- Die Eier hinzufügen und alles zu einem homogenen Teig verrühren. Den Teig in die Form geben und glatt streichen. Den Kuchen im Ofen (Mitte) ca. 40 Min. backen. Gegen Ende der Backzeit mit einem Holzstäbchen in die Mitte des Kuchens stechen: Wenn beim Herausziehen kein Teig mehr daran klebt, ist der Kuchen fertig. Aber Achtung: Nicht zu lange backen, damit der Schokokuchen auch schön saftig bleibt. Den Kuchen in der Form lauwarm oder ganz auskühlen lassen (s. Tipp).

Den Kuchen etwas auskühlen lassen,
bevor man ihn anschneidet. Wenn er
noch lauwarm ist, passt eine Kugel
Vanilleeis perfekt dazu.

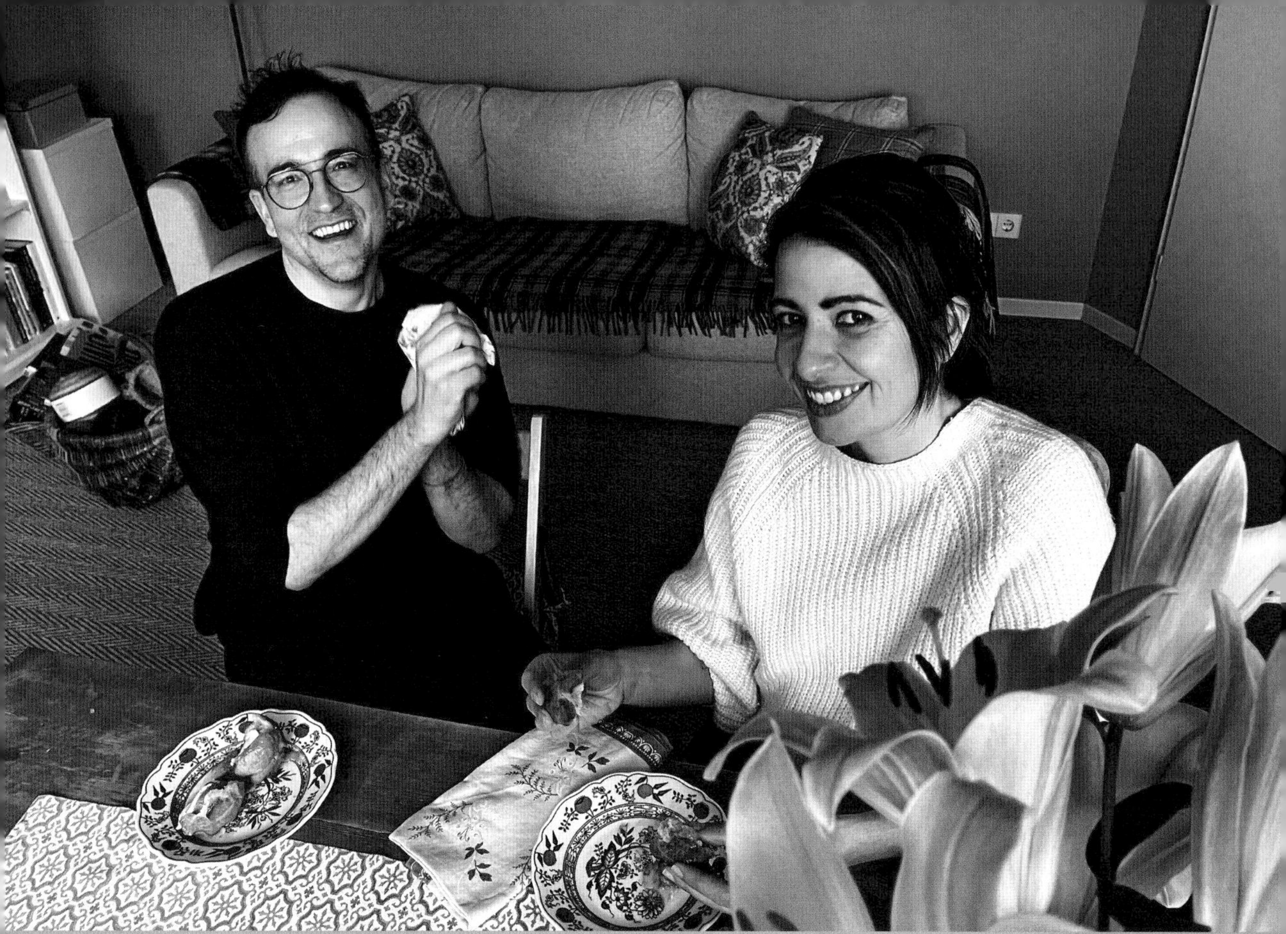

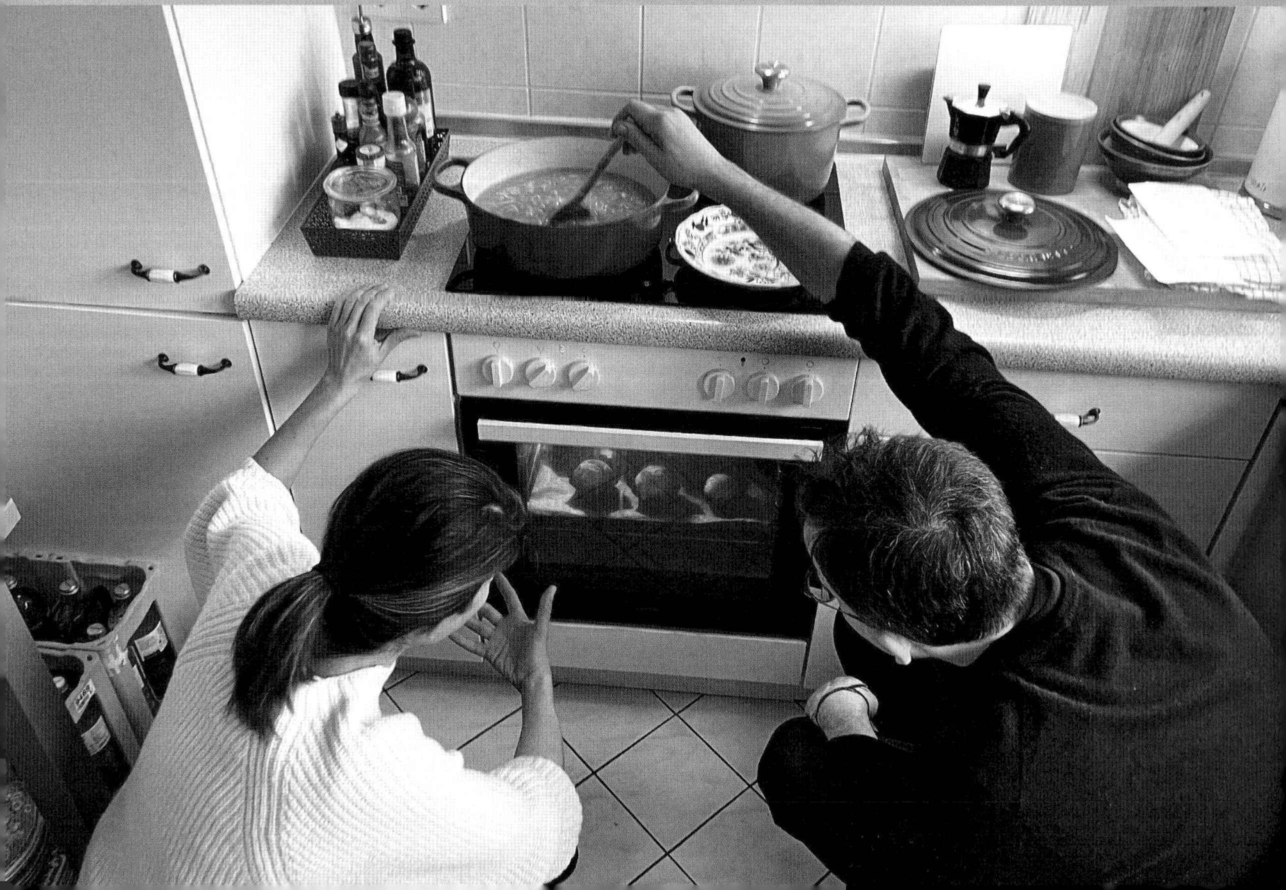

Kaffeeklatsch de luxe
mit DANIEL SCHREIBER

Wortmensch vom Feinsten

DANIEL »Kochen und gutes Essen, das war schon immer ein wichtiger Teil in meinem Leben. Als ich in New York lebte, habe ich das zum Beruf gemacht und als Private Chef gearbeitet, als Privatkoch für reiche Upper East Side Ladies. Vielleicht habe ich deshalb eine leicht perfektionistische Ader, was das Kochen betrifft.

Es ist eines der schönsten Dinge für mich, wenn jemand für mich kocht! Allein der Akt, die Zeit, die sich jemand nimmt — ist so was Tolles.

Als Kind habe ich es schon geliebt, bei meiner Mutter in der Küche zu stehen. Ich wollte immer alles bis ins kleinste Detail wissen und war wahrscheinlich wahnsinnig anstrengend. Meine Mutter ist eine begnadete Köchin. Sie hatte zwei große Gärten und hat alles selbst angebaut. Von ihr habe ich auch gelernt: Das Wichtigste, das du beim Kochen wissen musst, ist, wie die Dinge wirklich schmecken können. Wann etwas richtig gesalzen ist. Wie eine richtig reife Pflaume schmeckt, im Gegensatz

»Zu wissen, wie die Dinge wirklich schmecken können — das ist das Wichtigste beim Kochen.«

zu einer unreifen aus dem Supermarkt. Wie zart Schwarzwurzeln oder Spargel werden, wenn sie richtig gekocht sind. Wie sich saisonales, regionales Essen anfühlt. Wenn du das als Kind lernst, hast du schon ein Riesengeschenk mit auf den Weg bekommen.

Ich war früher immer so ungeduldig beim Kochen. Irgendwann habe ich aber festgestellt, dass Zeit und Geduld wichtige Elemente sind, mit die wichtigsten Zutaten beim Kochen. Zum Beispiel bei der Marmelade, die man über Nacht erst mal stehen lassen muss, bevor man sie kocht. Der Geschmack ist am Ende so viel komplexer und reicher. Bestimmte Prozesse brauchen einfach Zeit, um ihre Wirkung zu entfalten. Das Schöne: Die Aromen bilden sich dann quasi ganz von selbst, ohne dass man viel machen oder >nachbessern< muss.«

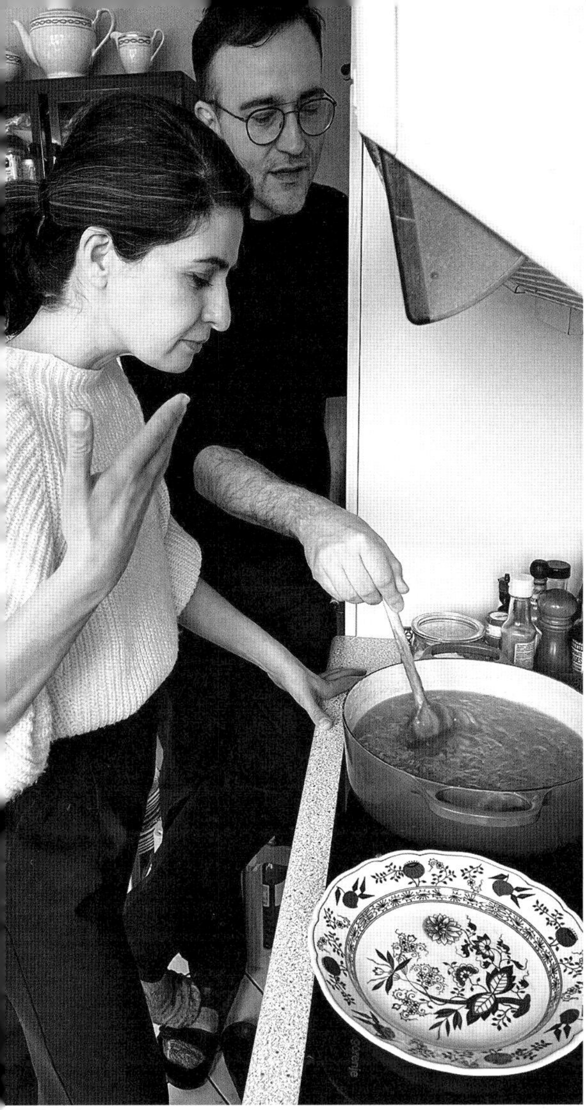
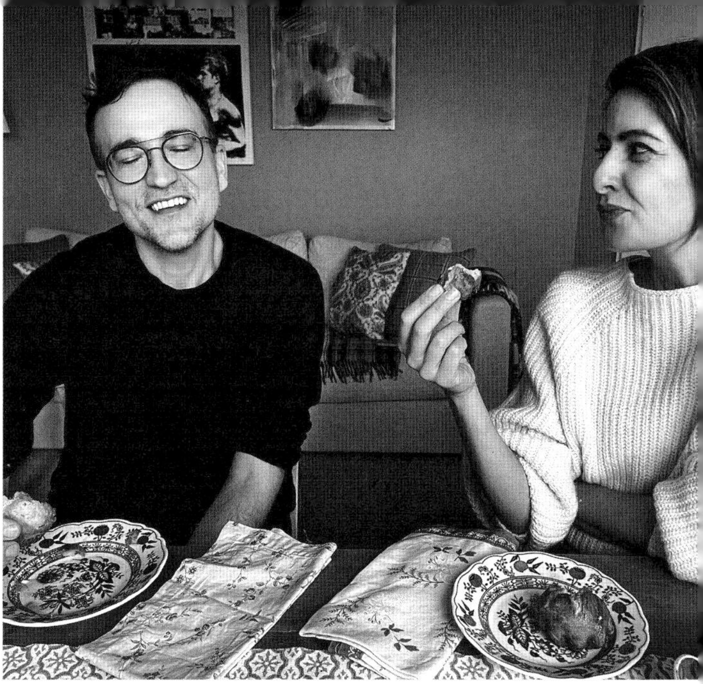
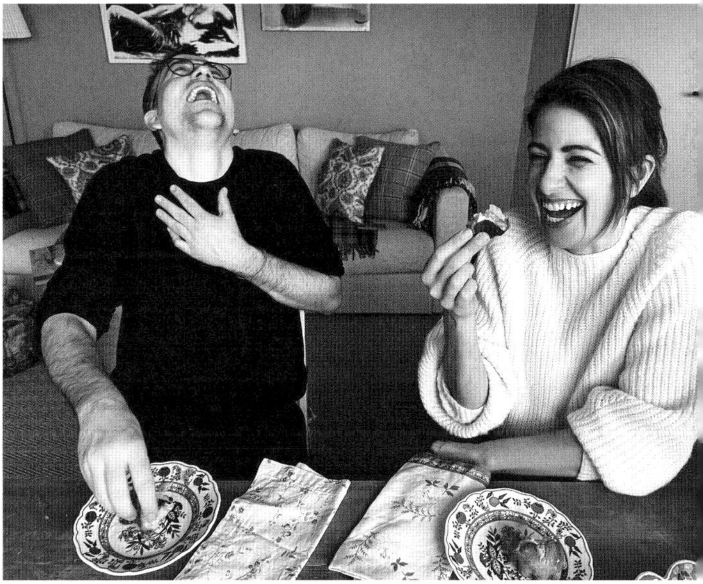
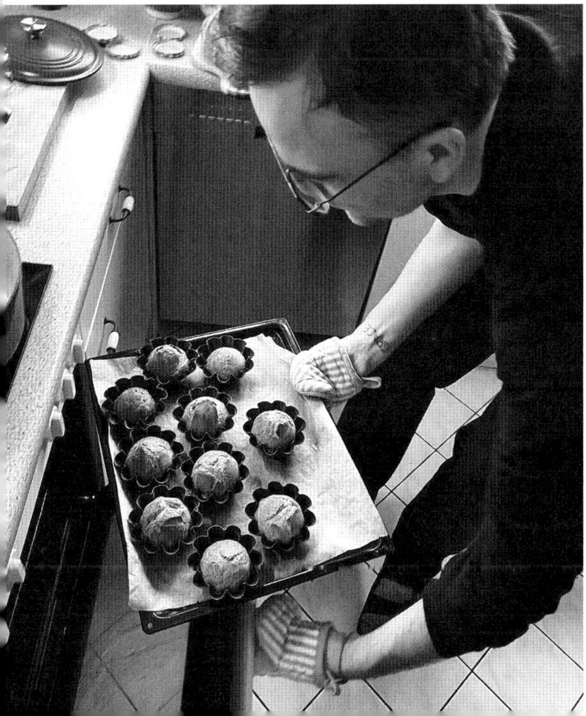
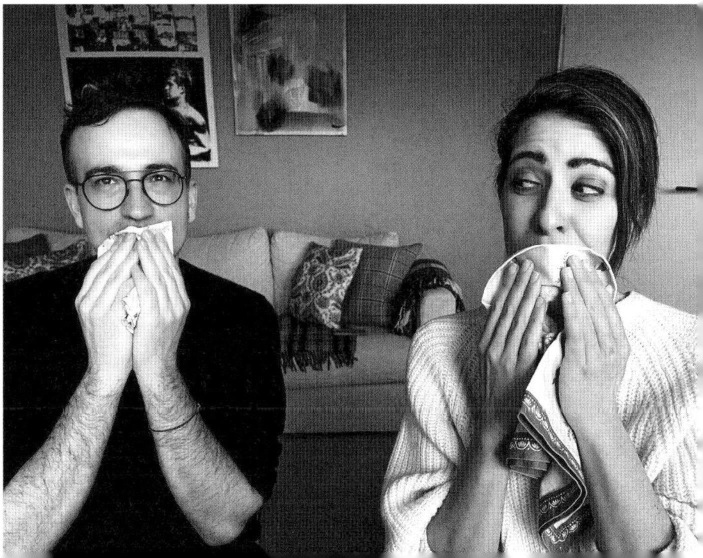

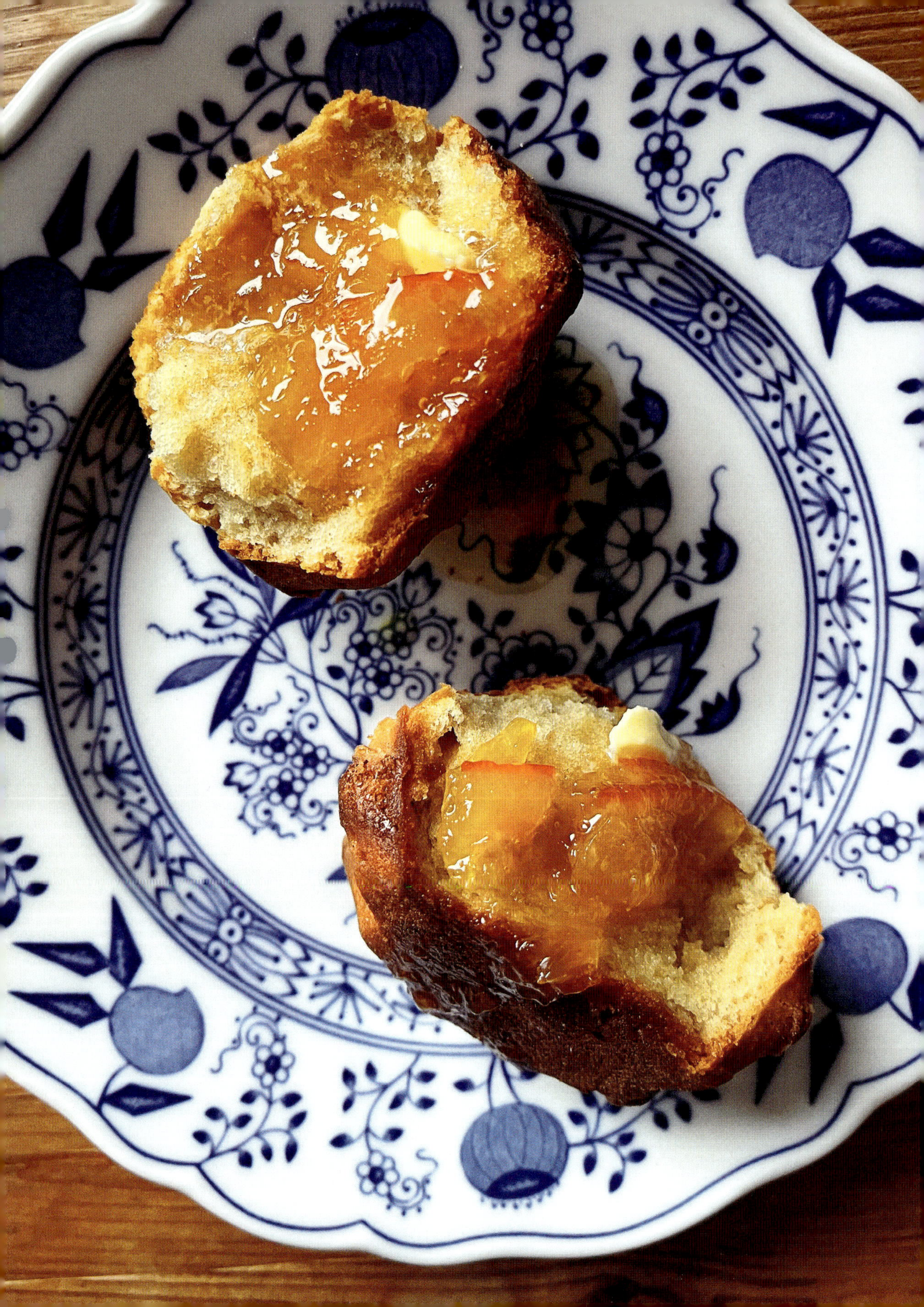

REZEPTE VON	Daniel Schreiber	**RUHEN**	über Nacht
ERGIBT	6 Gläser Marmelade à 200 ml	**KOCHEN**	2 Std.
		ZUBEREITUNG	20 Min.
ERGIBT	12 kleine Brioches oder 1 große Brioche	**GEHEN**	über Nacht + 3 Std.
		BACKEN	45 Min.
ZUBEREITUNG	30 Min.		

UNBEDINGT AUSPROBIEREN, WEIL …

Weiches, duftendes Gebäck trifft auf bittersüße Marmelade. Mein erster Gedanke war: perfekte Brioches backen – eine unlösbare Aufgabe für mich. Aber mit diesem Rezept gelingt es! Was man dafür aber braucht, ist viel Zeit. Brioche lassen sich nicht mal eben so nebenbei zubereiten – und genau das schmeckt man auch.

BRIOCHE MIT ORANGEN-MARMELADE

ORANGENMARMELADE

- Orangen und Zitronen waschen, halbieren und die Kerne entfernen. Die Hälften in hauchdünne Scheiben schneiden (mit einer Mandoline geht es am einfachsten), den dabei austretenden Saft auffangen.

- Die Früchte mit dem aufgefangenen Saft, Zucker und 2 l Wasser in einem großen Topf aufkochen lassen. Dann vom Herd nehmen, durchrühren und die Mischung über Nacht stehen lassen.

- Am nächsten Tag die Marmelade 2 Std. köcheln lassen, dabei vor allem während der letzten Stunde viel rühren.

FÜR DIE ORANGENMARMELADE

4 große Bio-Orangen
(oder 5 kleine)
2 Bio-Zitronen
1,6 kg Zucker

FÜR DIE BRIOCHE

260 g Mehl (Type 550 oder 1050)
½ Pck. Trockenhefe
50 g Zucker
1 Pck. Vanillezucker
4 Eier (L)
1 TL Salz
115 g weiche Butter
Butter für die Förmchen
12 Brioche-Förmchen (10 cm Ø)
oder 1 Kastenform (22 × 11,5 cm)

Ein dampfender Topf auf dem Herd,
süßlich-bitter nach Orangen duftend —
das tut auch der Seele gut!
Nachteil: Die Marmelade wird lange
Zeit durchgehend gerührt — bis sie
die perfekte Konsistenz hat.
Für mich ist das eine Geduldsprobe.
Für Daniel: Meditation.
Aber mit so einem Gesprächspartner
vergesse ich die Zeit … und lerne viel.
Nicht nur über Marmelade.

- Dann eine Gelierprobe machen: Dafür einen flachen Teller ca. 20 Min. ins Tiefkühlfach stellen. Einen kleinen Löffel Marmelade auf den eiskalten Teller geben und mit dem Finger etwas zusammenschieben. Wird die Oberfläche wellig, ist die Konsistenz perfekt. Man kann auch mit einem Thermometer prüfen: Wenn die Marmelade 105° heiß ist, hat sie die richtige Konsistenz.

- Die Marmelade in (etwa im Geschirrspüler) sterilisierte Gläser füllen und sofort mit den Deckeln verschließen. Kühl und lichtgeschützt aufbewahrt hält sie mindestens 1 Jahr.

BRIOCHE

- Am Vorabend 5 EL Mehl, Trockenhefe und 70 ml lauwarmes Wasser (ca. 30°) verrühren und die Mischung 5 Min. stehen lassen.

- Die Hefemischung mit Zucker, Vanillezucker und 3 Eiern mit den Knethaken des Handrührgeräts oder in der Küchenmaschine gut mischen. Das restliche Mehl und das Salz hinzufügen und alles ca. 8 Min. verkneten.

- Die Butter stückchenweise dazugeben und alles zu einem glänzenden, glatten Teig verkneten, der sich von der Schüssel löst. Den weichen Teig zugedeckt im Kühlschrank über Nacht ruhen lassen.

- Am nächsten Tag die Förmchen (oder die Kastenform) mit Butter einfetten. Den fest gewordenen Teig in zwölf Portionen teilen und in die Förmchen geben (oder den Teig in die Kastenform legen). Mit einem Küchentuch bedeckt 3 Std. gehen lassen.

- Den Backofen auf 190° vorheizen. Das restliche Ei mit 4 EL Wasser verrühren und den Teig damit bestreichen. Die Brioche im Ofen (Mitte) in ca. 35 Min. (Förmchen) oder 45 Min. (Kastenform) goldbraun backen.

- Die Brioche am besten gleich mit der Orangenmarmelade servieren – lauwarm schmecken sie besonders köstlich.

Mit dem Ergebnis ist Daniel heute nicht ganz zufrieden: »Ich hätte sie normalerweise etwas länger gehen lassen, manchmal reichen drei Stunden nicht.«

Schmecken tun sie trotzdem, sogar sehr gut. Wer braucht schon immer perfekt?

Überraschung
von Eli

Liebe Linda, dieses Rezept ist ein
Geschenk für dich.
… weil du es so sehr magst, wenn ich
es für dich koche.
… du mich dabei jedes Mal aufs Neue
fragst, wie ich es zubereite.
… und ja, ich dann endlich meine Ruhe
habe, jetzt hast du es in deinem
»Lieblingsrezepte-Buch«!
Ich liebe dich.
Deine Eli

UNBEDINGT AUSPROBIEREN, WEIL …

… es einfach zuzubereiten ist, schmeckt und mich an Griechenland-Urlaube erinnert. Und jetzt ist es tatsächlich Teil meiner Rezeptsammlung!

REZEPT VON	Eli
ERGIBT	4 Portionen
ZUBEREITUNG	10 Min.
BACKEN	20 Min.

Saganaki »Elis Art«
GEBACKENER FETA

500 g Kirschtomaten
400 Schafskäse (Feta)
300 g Ziegenschnittkäse
(in Scheiben)
250 g Kalamata-Oliven
2 EL Olivenöl
½ EL getrockneter Oregano

AUSSERDEM
ofenfeste Form

- Den Backofen auf 180° vorheizen. Die Tomaten waschen und halbieren.

- Die Fetastücke im Ganzen nebeneinander in die Form legen. Die Ziegenkäsescheiben darauflegen. Ein paar Tomaten und Oliven daraufgeben, den Rest um den Käse herum verteilen.

- Alles mit dem Olivenöl beträufeln und den Oregano darüberstreuen. Den Käse im Ofen (Mitte) ca. 20 Min. backen, bis er geschmolzen ist.

- Saganaki in der Auflaufform servieren und reichlich Brot zum Dippen dazu reichen.

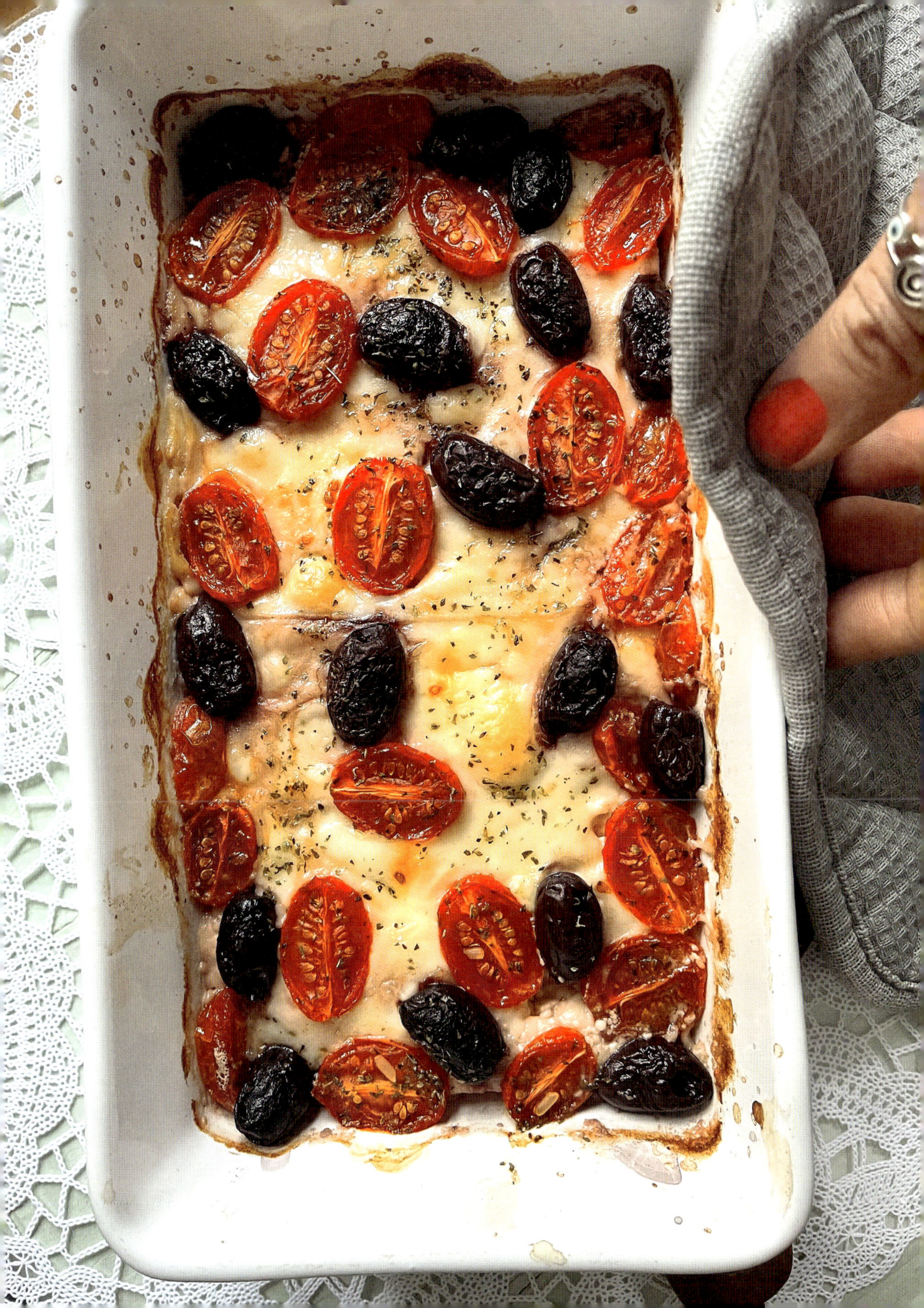

COASTER
Die große transportable
Front: 65,0m
Tiefe: 27,0m
Höhe: 25,0m

DANKE!

Das Buch ist fertig! Aber, dass ich jetzt eine gute und leidenschaftliche Köchin bin, kann ich nicht behaupten. Es gibt Menschen, die entspannen dabei; auf die hat Kochen eine Wirkung wie Yoga oder Qigong. Bei mir ist es eine Aufgabe, die ich zu bewältigen habe, und ich muss da irgendwie durch. Aber, ich bin besser geworden.

Ich danke **Eli** dafür, dass sie so hartnäckig war, denn sonst würde es dieses Buch nicht geben. Wir hatten eine intensive und so schöne Zeit zusammen und ich habe endlich alle meine Rezepte gesammelt. Eli, du bist die Beste, und ich bin froh, dass ich dich habe.

Mama: Ti na po. Ich bin zweifellos deine Tochter. Denn auch du behauptest bis heute, dass du nicht kochen kannst und nicht kochen magst. Eins davon stimmt nicht. Σ'αγαπώ.

Danke von Herzen an alle Gastgeber und Freunde:

Bjarne: Du hast definitiv was gut bei mir. Freitagabends auf den Dom – das ist mehr als ein Freundschaftsbeweis. Danke, Danke, Danke.

Billy und Micha: Danke, dass ihr euch auf dieses »Experiment« eingelassen habt. Seitdem gebe ich an, wo ich nur kann, dass ich Sterne-Ka-Pü gekocht habe.

Daniel: Ich muss zugeben, dass Geduld in Zusammenhang mit Kochen nie meine Stärke war. Durch dich habe ich verstanden, warum es sich lohnt. Gute Zutaten haben ein Recht auf mehr Zeit. Und ich werde am Ende mit gutem Geschmack belohnt.

Monty und Hanadi: Wenn es das Wort »Gastfreundschaft« nicht geben würde, ich würde es für euch erfinden. Mitten in der Nacht nach diesem Mazze-Festmahl noch zusammen tanzen – mehr geht nicht. Danke!

Tom: Ich danke dir für deine Gastfreundschaft und der besten Location ever, in der selbst mir das Kochen Spaß gemacht hat.

Ein besonderer Dank auch an das ganze Team:

Uli Ehrlenspiel (Geschäftsführer, GU) und **Hanne Marie Schröder** (Verlagsleitung, GU): Ihr habt sofort die Idee verstanden! Danke für die sehr schönen Gespräche und den produktiven Austausch (auch mit viel Lachen). Ich wusste sofort: Dieses Buch muss ich mit euch umsetzen!

Christof Klocker (Editorial Director, GU): Du hast für alles eine Lösung parat! Danke, für das schöne Miteinander. Man merkt, dass dem Verlag das Menschliche sehr wichtig ist.

Sabine Sälzer und **Vanessa Lotz** (Projektleitung GU): Ihr habt einen richtig guten Job gemacht! Und uns vertraut und die nötige Freiheit gelassen für dieses Herzensprojekt.

Gerti Köhn (Lektorat): Du hast nicht nur unsere Worte verstanden, sondern auch uns, wie wir sind. Danke dafür!

Jeanne van Stuyvenberg (Gestaltung): Danke für dich und deine Kunst, die einzelnen Bilder und Texte zu einem Gesamtwerk zu vereinen! Es ist ein so schönes Buch geworden.

REZEPTREGISTER

APPETIT AUF MEHR?

Elissavet Patrikiou

GRIECHENLAND VEGETARISCH

Eine Reise zu den Rezepten
und Geschichten meiner Heimat

G|U

ISBN 978-3-8338-7982-1

G|U

IMPRESSUM

© 2022 GRÄFE UND UNZER VERLAG GmbH, Postfach 860366, 81630 München

GRÄFE UND UNZER

Gräfe und Unzer ist eine eingetragene Marke der GRÄFE UND UNZER VERLAG GmbH, www.gu.de
ISBN 978-3-8338-8232-6
1. Auflage 2022

Projektleitung: Sabine Sälzer, Vanessa Lotz
Lektorat: Gerti Köhn
Korrektorat: Anne-Sophie Zähringer
Layout: die basis, Wiesbaden, www.die-basis.de
Umschlaggestaltung: ki 36, Editorial Design, München, Sabine Krohberger
Herstellung: Petra Roth
Satz: die basis, Wiesbaden; Gerti Köhn
Reproduktion: Longo AG, Bozen
Druck und Bindung: Firmengruppe APPL, aprinta druck, Wemding

Die Autorin

Linda Zervakis ist Hamburgerin mit griechischen Wurzeln. Nach dem Abitur arbeitete sie als Werbetexterin bei der renommierten Agentur BBDO. 2001 wechselte sie zum NDR (Norddeutscher Rundfunk), wo sie als Redakteurin und Nachrichtensprecherin tätig war. 2013 wurde sie eines der Gesichter für die Hauptausgabe der Tagesschau, der wichtigsten und ältesten Nachrichtensendung Deutschlands. In der Zwischenzeit schrieb sie zwei Bestseller und startete 2020 ihren Spotify Original Podcast »Gute Deutsche«. Im April 2021 wechselte sie zum privaten Sender Pro7, wo sie neben ihrer eigenen Infotainment-Show auch eines der drei TV-Trielle während des Bundestagswahlkampfes 2021 moderierte. Linda Zervakis arbeitet als Journalistin, Moderatorin, Autorin und Podcasterin.

Die Co-Autorin und Fotografin

Elissavet Patrikiou ist Wahl-Hamburgerin mit griechischen Wurzeln und arbeitet seit über 25 Jahren als freie Fotografin und Autorin. Ihre Schwerpunkte liegen im Bereich Kochbücher und Reportage. Für ihre Arbeiten hat sie bereits mehrere Auszeichnungen erhalten. Ihre Kreativität und einzigartige Bildsprache speist sie aus ihrer Empathie für Menschen, aus einem untrüglichen Blick für das Schöne und aus dem Willen, Bleibendes zu schaffen.

Umwelthinweis:
Nachhaltigkeit ist uns sehr wichtig. Der Rohstoff Papier ist in der Buchproduktion hierfür von entscheidender Bedeutung. Daher ist dieses Buch auf PEFC-zertifiziertem Papier gedruckt. PEFC garantiert, dass ökologische, soziale und ökonomische Aspekte in der Verarbeitungskette unabhängig überwacht werden und lückenlos nachvollziehbar sind.

Bildnachweis:
alle Fotos: Elissavet Patrikiou
Grafik-Elemente: rawpixel.com
Syndication: www.seasons.agency

Die GU-Homepage finden Sie unter www.gu.de

GRÄFE UND UNZER
Ein Unternehmen der
GANSKE VERLAGSGRUPPE